语文冷知识

字音辨正

杜永道　编著

商务印书馆国际有限公司
中国·北京

图书在版编目（CIP）数据

语文冷知识．字音辨正 / 杜永道编著．— 北京：商务印书馆国际有限公司，2023.6

ISBN 978-7-5176-1002-1

Ⅰ.①语…　Ⅱ.①杜…　Ⅲ.①汉语—字音—基本知识 Ⅳ.① H1

中国国家版本馆 CIP 数据核字 (2023) 第 092639 号

YUWEN LENGZHISHI ZIYINBIANZHENG

语文冷知识·字音辨正

编　　著　杜永道
出版发行　商务印书馆国际有限公司
地　　址　北京市朝阳区吉庆里 14 号楼
　　　　　　佳汇国际中心 A 座 12 层
邮　　编　100020
电　　话　010－65592876（编校部）
　　　　　　010－65598498（市场营销部）
网　　址　www.cpi1993.com
印　　刷　三河市紫恒印装有限公司
开　　本　787mm × 1092mm　1/32
字　　数　125 千字
印　　张　6
版　　次　2023 年 6 月第 1 版第 1 次印刷
书　　号　ISBN 978-7-5176-1002-1
定　　价　30.00 元

目　录

A

B

C

D

E

F

G

H

J

K

L

M

N

P

Q

S

T

W

X

Y

Z

A

“阿”的两种读音

“阿”有两种读音，一种是ā，另一种是ē。

“阿”用于指人的名词或者用于人名的时候，一般读ā。如“阿拉伯人”“阿昌族”中的“阿”都读ā。再举几个有趣的人名：“阿（ā）斗”是三国时蜀国后主刘禅（shàn）的小名，他昏聩（kuì）平庸，后来人们常用“阿斗”来比喻懦弱无能的人。“阿（ā）凡提”是维吾尔族民间传说中的人物，正义、善良、智慧、幽默，常骑着小毛驴游走四方。“阿（ā）诗玛”是彝族长诗《阿诗玛》中的主人公，为了追求婚姻自由，与统治者进行了顽强的斗争。

有的地方在“阿（ā）”后加上表亲属的词，构成称谓。如“阿爸”“阿妈”“阿哥”“阿妹”“阿婆”“阿大（老大）”“阿三（老三）”等。有意思的是，在马来西亚、泰国，“阿弟”不是指亲属，而是指店铺的小伙计。

“阿”表“迎合”的意思时，要读ē。例如在“阿谀奉承”“阿其所好”“刚直不阿”中读ē。表示山、水弯曲的地方时也读ē。例如，“山阿”“汾水之阿”。

小贴士

“阿（ē）胶”是一种中药材，是用驴皮加水熬制而成的胶块儿，因原产于山东的东阿（ē）县，所以叫“阿胶”。“阿（ē）弥陀佛”是从梵语音译过来的佛名，也译作“无量寿佛”，佛教指西方极乐世界最大的佛。信佛的人，常口念“阿（ē）弥陀佛”，表示感叹或者感谢佛的保佑。这几个词语中的“阿”都不宜读成（ā）。

“挨”的两种读音和意思

“挨”有两种读音，一种是一声 āi，另一种是二声 ái。

如果表示“紧靠”或者“一个接一个”的意思，应读一声 āi。例如：

（1）他走进来，挨着老张坐下。（紧靠）

（2）我家紧挨着学校，上学很方便。（紧靠）

（3）李老师挨家了解学生情况。（一个接一个）

（4）中午吃饭的时候，大家排好队，挨个儿买饭、买菜。（一个接一个）

“同学们一个挨一个地坐着”跟“同学们一个挨一个地发言”中，“挨”的读音虽然相同，都读一声 āi，但意思不同。“挨”在前一句里表示“紧靠”，在后一句里表示“一个接一个”。

“挨”读二声 ái 时，有三个意思：

一、表示“遭受”。例如：

（5）那时候他还很小，在店里干活经常挨打受骂。

（6）打游击的时候，生活条件很艰苦，挨冻受饿是经常的事儿。

二、表示“困难地度过”。这时，“挨”含有“忍受”的意味。例如：

（7）苦日子总算挨过去了。

（8）天气很冷，屋里没有取暖设备，好不容易才挨到天亮。

三、表示拖延（时间）。例如：

（9）快点走吧，别再挨时间了。

（10）他老想跟同学多踢一会儿球，妈妈来了两次电话也不接，挨到下午才回家。

“谙”“铵”“胺”怎么读

“谙”读一声 ān。“谙”是动词，意思是“熟悉”。“不谙水性”是说不熟悉水性。“素谙武功”是说素来熟悉武功。“谙熟”是“非常了解”的意思。例如：“他谙熟当地的风土人情。”“老张谙熟商品经营之道。”唐代白居易《忆江南》中说：“江南好，风景旧曾谙。”其中的“谙”也是“熟悉”的意思。

“谙达”指熟悉人情世故，如“谙达世事”。“谙练”是“熟悉、熟练”的意思，如“谙练旧事”是说对旧事很熟悉，“骑术谙练”是说骑术很熟练。

“铵”读三声 ǎn。“铵”是从氨衍生所得的带正电荷的根，也就是铵离子。“氯化铵、硫化铵、硫酸铵”中的“铵”都读三声 ǎn。“碳铵”是氮肥的一种，能够促进农作物的生长。

“胺”读四声 àn，是一类有机化合物。胺类化合物大都具有弱碱性。“苯胺”是胺类化合物最重要的代表，是合成染料、药物等的原料。

“三聚氰（qíng）胺（àn）”是一种低毒性化工产品。2008 年终，某企业生产的奶粉中检测出三聚氰胺，婴幼儿食用含有这种物质的奶粉后，会引起泌尿系统疾病。这一事件在社会上引起极大反响。

“拗”在“拗口”“执拗”中读音不同

“拗”在普通话里有两个读音，一个是 ào，另一个是 niù。

“拗”读 ào 的时候，表示“不顺”或“不顺从”。表示“不顺”的意思时，常见于“拗口”一词。“拗（ào）口”指说起来别扭，不顺口。例如：“这两句话读起来有点拗口，你把它改改吧。”再如《红楼梦》第三十五回中丫鬟莺儿说：“我的名字本来是两个字，叫做‘金莺’，姑娘嫌拗口，只单叫‘莺儿’，如今就叫开了。”“拗”表示“不顺从”的意思时，常见于“违拗（ào）”一词。“违拗”是指不依从上级或尊长的意见。例如:“他觉得，父母之命，是不能违拗的。”

再如，冰心在《寄小读者（十二）》里说:“为着兄弟朋友，为着花鸟虫鱼，甚至于为着一本书一件衣服，和母亲违拗争执。”

在方言中，“拗”有“转折，弯转”或“折断”的意思，这时应读三声 ǎo。例如，鲁迅在《从百草园到三味书屋》里说:“读到这里，他总是微笑起来，而且将头仰起，摇着，向后面拗过去，拗过去。”这里的“拗”应当读 ǎo，意思是说私塾的老先生读书读到得意的时候，把头向后面仰过去。方言中有“把竹竿拗（ǎo）断了”的说法，意思是把竹竿折断了。

“拗”读 niù 时，表示“固执，不随和”。例如:“他的性子真拗。”“你这拗脾气什么时候改一改。”“执拗”是“固执”的意思，例如:“她脾气很执拗，听不进别人的劝告。”口语中说的“拗不过”是说改变不了对方的行动或意见。例如:“他拗不过老师的一片好意，只好让老师送了一程。”

B

“稗官野史”的“稗”读 bài，不读 bì

“稗子”是稻田常见的杂草，幼苗像稻子。稗子结的籽粒细小，又不是人们食用的谷物，所以人们用“稗”来形容细小、卑微的事物。所以，古代把给帝王讲述街谈巷议、风俗故事的小官称为稗官。后来，人们也把小说、逸闻等称为稗官。“稗官野史”指正史之外，记载逸闻琐事的文字。例如：

（1）这些流传的故事出自稗官野史，不是史实。

（2）他喜欢读稗官野史一类书解闷儿。

“稗子”的“稗”读 bài，不读 bì。由“卑”做右偏旁的“奴婢”的“婢”、“裨益”的“裨”等字读 bì，因此人们往往把“稗”误读为 bì。

“堡”在地名中怎么读

“堡”是个多音字。“堡”字在表军事防御的坚固建筑的词语如“堡垒”“碉堡”“地堡”“暗堡”“桥头堡”中，以及在表小城的词语如“城堡”“古堡”中，读 bǎo。在翻译的外国地名中也读 bǎo，如在“汉堡”“圣彼得堡”“歌德堡”中读 bǎo。

“堡”还读 bǔ，用于地名，例如“吴堡”“瓦窑堡”“柴沟堡”“庞家堡”“惠安堡”“阳明堡”。这类地方原先多是有土围墙的村镇。媒体把“南堡油田”的“堡”读成 bǔ，是正确的。

“堡”也读 pù，也用于地名，例如“五里堡”“七里堡”“十里堡”“二十里堡”。这类地方原先多是古代的驿站。这类地名中的“堡”有的也写作“铺”，例如贺敬之《回延安》中的“柳林铺”。这类地名往往出现于城市附近。

“张家堡”“李家堡”这类地名中的“堡”按说应当读 bǔ，因为这样的地名一般指某姓氏的人较多的村镇，而且，驿站是官方设置的，不会冠以“张家”“李家”。但是有的地方的确把这类地名中的“堡”读成 pù，这或许是方言中由“堡”（bǔ）的读音讹变而来。拿不准时，《汉语拼音〈中华人民共和国地图地名〉索引》有注音，可资参考。

“曝光”中“曝”的读音

“曝”有 pù、bào 两种读音。

“曝”读 pù 时，表“晒”。例如：

（1）切枣曝之，干如脯也。（北魏贾思勰《齐民要术·种枣》）

（2）庄稼闹虫灾，战士们帮着打虫子，天天雨淋日晒，

脊梁曝了层皮。(杨朔《滇池边上的报春花》)

由“曝”组成的词语常见的有“曝晒”“曝露”和“一曝十寒”。“曝晒”指阳光强烈地照射。例如:

(3)烈日曝晒后,他的脸变得又黑又红。

(4)这件衣裳洗后要挂在阴凉处风干,别在阳光下曝晒。

“曝露”有书面语色彩,指露在外面。例如:

(5)尸骨曝露于沟壑之中。

(6)其丑态曝露无遗。

“一曝十寒”出自《孟子》,原指(世上最容易生长的植物)“晒它一天,冻它十天,也不能成活”。后来人们用“一曝十寒”比喻一时勤奋,多时偷懒,缺乏恒心,不能坚持。

旧时夏历七月七日有“曝(pù)衣”习俗。就是晒衣服、棉被等,以防虫蛀。唐代的沈佺期有首诗叫《七夕曝衣篇》。“曝衣”即晒衣服。旧时代读书人也有在这天晒书的习俗,称为“曝(pù)书”。

“曝”读bào的情况较少见,常见词语里仅在“曝光”和“曝丑”两词语中读bào。“曝光”指照相底片或感光纸感光,或者指把隐秘的事情暴露出来。例如:

(7)要小心,别让胶卷曝光。

(8)这位领导干部的腐败行径曝光后,群众反应很强烈。

“曝丑”是说公开暴露自己的缺点、错误或问题。例如:

（9）他们主动曝丑，是为了促进产品质量提高。

“背包”中的“背”读一声还是读四声

有人问，“背包”的“背”应当怎么读。

“背包”一词是偏正结构。“背包”的“背”如果读一声，则为动词，是“用脊背驮”的意思。这时“背包”可以理解为“背着的包”。

“背包”的“背”如果读四声，则为名词，是“后背”的意思。这时“背包”可以理解为“放在后背上的包”。

“背包”的“背”读一声跟读四声，虽然构词情况有所不同，但“背包”的意思总体上还是相同的，都指后背上背着的包。对部队战士来说，“背包”里常是衣被。

《现代汉语词典》在2002年以前的版本中，“背包”中的“背”注音为四声，而从2005年的第5版开始，“背包”的“背”注为一声。据悉，词典编者做了调查，发现一声的读法更为广泛，于是将“背”调整为一声。

调整后的读音不仅跟社会上的多数读法相一致，而且跟表示同类物品的“背筐”“背篓”“背囊”等词语中“背”的读音相同，便于人们理解和记忆。同时，也与1937年我国第一部现代汉语词典《国语辞典》中“背包”的注音相同。

“奔小康”中的“奔”怎么读

有人问，“奔小康”“向着遥远的华山奔去”中的“奔”怎么读？

“奔”表示“奔走；急跑”一类意思时读一声。例如：

（1）他背上口袋，飞奔而去。

（2）他骑上马，一路狂奔，天黑前终于赶到团部。

（3）这个剧团整年奔波于城乡之间。

（4）毕业生们决心奔赴祖国需要的地方。

“奔”表示“朝一定目标急走”时读四声。例如：

（5）他下了车就奔办公室去了。

（6）他从酒店出来，直接奔机场而去。

（7）咱们要拧成一股绳，和衷共济奔向新的目标。

（8）他顺着小路直奔那座山头。

“奔小康”“向着遥远的华山奔去”，显然是有目标的“急走”，因此这里的“奔”宜读四声。

就语体色彩而言，读一声的“奔”常出现在具有书面语色彩的词语中。例如“奔波”“奔驰”“奔赴”“奔忙”“奔跑”中的“奔”读一声。而读四声的“奔”常出现在具有口语色彩的词语中，例如“奔命”“奔头儿”中的“奔”读去声。另外，“奔”读四声时，单说的情况比较多，而读一声时，多在词语中充当语素。

“奔月”的“奔”怎么读

“嫦娥奔月”的故事最早见于西汉的《淮南子·览冥训》，其中说：“羿请不死之药于西王母，姮（héng）娥（即平时所说的嫦娥）窃以奔月。”其中“奔月”字面的意思是“奔入月中”，即跑到了月亮里面。这个“奔”是“奔跑”的意思。

在《汉语大字典》中，“奔”读四声表“走向”一类意思的用例都是明代以后的，且出自具有口语色彩的文本。例如：

（1）皇甫殿直一只手捽着僧儿狗毛，出这枣槊巷，径奔王二哥茶房前来。（明代洪楩《清平山堂话本》）

（2）如今舅舅正升了外省去，家里自然忙乱起来。咱们这会子反一窝一拖的奔了去，岂不没眼色呢？（清代曹雪芹《红楼梦》）

可见“奔”字四声的读法产生较晚。《汉语大词典》中，给“奔月”的“奔”的读音定为一声 bēn，是很有道理的。

的确，现在北京口语中，“奔”读四声时表示“朝一定目标急走”。例如：“我下了车就直奔（bèn）单位，哪儿都没去。”但是，有古籍出处的词语，一般宜采取传统读法为宜。例如“解铃系铃”一词，虽然北京口语中“系”表“打结、拴”一类意思时读 jì，但一般词典还是将这一成语中的“系”注音为xì，这种做法比较稳妥。同样，“嫦娥奔月”中的“奔”读一声bēn比较妥当。这种读法跟多数人口头上的实际读音是一致的。

“绷得紧紧的”的两种读法

有人问，《狼牙山五壮士》中说：“胡德林和胡福才这两个小战士把脸绷（běng）得紧紧的，全神贯注地瞄准敌人射击。”《我的战友邱少云》中说：“我的心绷（bēng）得紧紧的。这怎么忍受得了呢？”为什么前一句话的“绷”读三声，后一句话中的“绷”读一声呢。

《狼牙山五壮士》中的“绷得紧紧的”跟《我的战友邱少云》中的“绷得紧紧的”意思有所不同，因而读音不同。

《狼牙山五壮士》中的“脸绷得紧紧的”中的“绷”读三声běng，是动词，意思是把笑容收起，使面部表情严肃。也就是说，“绷着脸”是说人板着脸，即表情显出严肃、不愉快的样子或怒容。下面举几个这种用法的例子：

（1）卖猫人绷着脸说道：“怎么是笑话？”（清代西周生《醒世姻缘传》）

（2）老舍把脸一绷，说：“我就是喜欢姓李的！”（冰心《晚晴集·老舍和孩子们》）

（3）他的面孔绷得紧紧的，十分严峻。（周而复《上海的早晨》）

课文中说“胡德林和胡福才这两个小战士把脸绷

（běng）得紧紧的，全神贯注地瞄准敌人射击”，是描写两个小战士向敌人射击时愤怒的神情。

《我的战友邱少云》中的“绷得紧紧的”中的“绷”读一声 bēng，是动词，是“拉紧”的意思。同样的用例如：

（4）把绳子绷紧点儿，衣裳就不会碰着地了。

（5）你把弦儿绷紧喽，拉出来的声儿才好听。

课文中说“我的心绷（bēng）得紧紧的”，是说战友替邱少云担心，心里非常紧张。“心绷（bēng）得紧紧的”，是对紧张心态的比喻性描绘。下面是同类的例子：

（6）她那根心弦可是一直绷得紧紧的。（郭澄清《大刀记》）

“匕首”的“匕”读 bǐ，不读 bì

“匕（bǐ）”是个象形字，指“勺子”，样子模拟古代吃饭时用的小勺。这种勺子的前端有点儿尖。“匕首”指短剑或短刀，因为匕首的前端也是尖的，整体的样子有点像“匕”，所以称为“匕首”。

有些人把“匕首”的“匕”误读成四声 bì，这是受了形近的“必须”的“必”的影响。“必”是副词，表示事理上或主观上的某种确定性。这两个字在来源上没有关系，只是形体有点接近而已。

“便”在“大腹便便”中的读音

“便”有两种读音，一种是 biàn，另一种是 pián。

“便”读 biàn 的时候，表示的意思较多。

一、适宜。如“不便分开”“不便发表意见”。二、适宜的时候，顺便的机会。如“便中来访”“得便前去”“就便送来吧”“就便带去”。三、方便，做起来不困难。如“便于携带”“行走不便”“便于清洗”。四、简易的，非正式的。如“写张便条”“吃顿便饭”。五、排泄（屎、尿）或屎、尿。如“小便”“排便”。六、相当于副词“就”。如“我一下车便看见他”“没有大家的帮助，便不会有我的成功”。但应当注意，不是所有的“就”都能用“便”替换。例如“事情早就清楚了”“我就不信我学不会”“老两口就这么一个女儿”中的“就”不能用“便”替换。

在现代汉语中，“便”读 pián 的时候很少。常见的“便”读 pián 的词语只有“便宜”和“大腹便便”。

“便（pián）宜（yi）”做形容词时，表示物价低廉。例如“这件衣服价钱很便宜”“这儿的东西比较便宜”。“便宜”做形容词时，表示得到某种好处。例如“这次可不能便宜了他”。“便宜”做名词时，表示不应得到的好处。例如“他做事老想占便宜”“这回他们捡了个大便宜”。

“便（biàn）宜（yí）”跟“便（pián）宜（yi）”读音、意思都不同。“便（biàn）宜（yí）”指方便、合适。例如

“地铁是大城市便宜的交通工具”。人们常说的“便（biàn）宜（yí）行事”是指可以根据实际情况自行处理事务。例如“目前那里的形势比较复杂，你可根据情况便宜行事”。

“大腹便便（piánpián）”是指肚子肥大的样子，含贬义。其中的“便便，指腹部肥大的模样”。例如《后汉书·边韶传》里说：“……弟子私嘲之曰：‘边孝先，腹便便。懒读书，但欲眠。’”

“殡”读 bìn，不读 bīn

“殡（bìn）”最初指死者入殓后停柩以待葬。例如：

（1）死者殡在屋内，经三年，择吉日而葬。（《北史·高丽传》）

“殡”也指灵柩。例如：

（2）其在远闻丧者，始闻，易服，哭而行；至家，凭殡哭。（《明史·礼十四》）

总之，使用“殡”的时候，总是跟丧事有关。

把“殡”误读为 bīn，是受了“宾”的影响。“殡”跟“宾”的意思不同，读音也不同。“宾”的意思是“客人”。例如：

（3）这家酒店注意让客人有宾至如归的感觉。

（4）两人几十年相敬如宾，琴瑟和鸣。

“屏”在“屏除杂念”中的读音

“屏”有三种读音，即 bǐng、píng、bīng。

“屏”读三声 bǐng 的时候，是动词，表示两个意思。一是“抑止（呼吸）”。例如：

（1）他屏住气，仔细听对方说话。

（2）观众们都屏息静听这个演员的独白。

另一个意思是“排除；除去”。例如：

（3）屏除杂念，才能打好最后几个球。

（4）他屏退秘书和卫兵，跟来客单聊。

“屏”读 píng 的时候，有这么几个意思：

一、表示“遮挡”。例如：

（5）雪山屏蔽着通往外面的路。

“屏障”指像屏风一样起遮挡作用的东西。例如：

（6）这是一道天然屏障。

“屏障”也用作动词，表示“遮挡着”。这种用法有文言色彩。例如：

（7）居庸关屏障京师。

二、表示用来遮挡的屏风。例如：

（8）门后摆着个围屏，六扇相连。

三、表示形状像屏风的东西，以及成组的字画条幅（形状像屏风）。例如：

（9）屏幕上出现了一行表示庆贺的句子。

（10）孩子们看到孔雀开屏，高兴得直拍手。

（11）屋里挂着的几幅屏条，是一组水墨画。

“屏”读 bīng 的情况比较少见，主要用于“屏营”一词。“屏营”文言色彩明显，用来形容惊惶失措的样子，多见于文言的奏章、书札等。例如“不胜战栗屏营之至”。现在一般不用。

“泊”在“漂泊”“梁山泊”中的读音

“泊”有两种读音，一种是 bó，另一种是 pō。

“泊”读 bó 的时候，有三个意思。一是表示“停船”。例如：

（1）窗含西岭千秋雪，门泊东吴万里船。（唐代杜甫《绝句》）

（2）河里面上午就泊了一只白篷船。（鲁迅《祝福》）

（3）船泊在港湾。

在广东话里“泊车”是停放车辆的意思。“泊位”是指港区内停靠船舶的位置，停一艘船的位置就是一个“泊位”。如“深水泊位”“石油专用泊位”等。现在，“泊位”也用来指停汽车的位置，即通常说的“车位”。

二是表示“停留”。包含这个意思的常见词语是“漂泊”。“漂泊”指“随波浮动或停泊”。例如：

（4）游艇在附近的海面上漂泊。

用来指人时，“漂泊”表示“职业、生活不固定，居无定所”。这是一种比喻性的用法。例如：

（5）他在海外漂泊多年，现在终于回到祖国。

三是表示“淡泊，恬静”。包含这类意思的常见词语是“淡泊”。例如：

（6）这位老师淡泊名利，全身心地做自己的教学工作。

“泊”读 pō 时，指“湖”。例如：

（7）罗布泊在新疆塔里木盆地东部。

（8）《水浒传》里说的梁山泊，在现在的山东省梁山、郓城、巨野等县间。

人们有时说的“血泊”是指一大摊血。

“泊”表示“停船”“停留”时是动词，表示“淡泊，恬静”时是形容词，表示“湖泊”时是名词。从读音说，“泊”做名词时读 pō，做动词、形容词时读 bó。

“柏”在“柏林”“柏林寺”中的读音

“柏”有三种读音，一种是 bǎi，另一种是 bó，还有一种是 bò。

“柏”字在“柏树”“松柏”中读 bǎi。柏树是四季常青的树，这种树木质坚硬，可以用来做建筑材料和家具。“柏子仁”中的“柏”也读 bǎi，这是一种中药，有安心养神等作用。北京东城区有座庙叫“柏林寺”，是京师八大寺庙之一，“柏林寺”的“柏”读 bǎi。山西长治有座山叫“柏（bǎi）谷山”，因山上有很多柏树而得名。河北有个县叫

"柏乡"，其中的"柏"也读 bǎi。《诗经》中有首诗叫《柏舟》，写卫国一个臣子对政事的忧虑，《柏舟》的"柏"读 bǎi。

"柏油""柏油路"中的"柏"也读 bǎi，"柏油"是"沥青"通俗的说法。

"柏"做姓氏时也要读 bǎi，周穆王有个臣子，叫"柏（bǎi）天"。

"柏"在音译词中读 bó。如在"柏林"中读 bó。柏林是德国首都，也是德国最大的城市。"都柏林"是爱尔兰首都，其中的"柏"也读 bó，这座城市是海港，也是古城。"柏（bó）拉图"是古希腊哲学家的名字，他是欧洲客观唯心主义创始人。

"黄柏"中的"柏"读 bò，它是一种中药。"黄柏"现在多写成"黄檗（bò）"。

"薄壳结构"中的"薄壳"怎么读

薄壳结构是建筑上一种弧形薄膜状的空间结构，一般用于屋盖等。

"薄壳结构"中的"薄"跟"壳"都是文白异读字，即有口语音和读书音的不同。文读时，分别读 bó、qiào，白读时分别读 báo、ké。"壳"白读时口语中常儿化，读成 kér。

一般地说，在文言词语、成语和结合紧密的合成词中，要文读；单说时要白读，在口语色彩明显的词语中，也白读。

例如，“薄”在“薄弱”中读 bó，而在“太薄了”“薄饼”中读 báo；“壳”在“地壳”中读 qiào，而在“花生壳”“贝壳”中读 ké。

《辞海》中有“薄壳结构”这一词条，“薄壳”一词注音为 bóké。

小贴士

常见的文白异读字已经不多了，“薄”之外，还有例如：柏（文读 bó，白读 bǎi）、剥（文读 bō，白读 bāo）、绿（文读 lù，白读 lǜ）、给（文读 jǐ，白读 gěi）、血（文读 xuè，白读 xiě）等。

“薄雾”中“薄”的读音

有位老师问，《观潮》一课中“薄雾”的“薄”在教学中有的教师读 bó，有的教师读 báo，究竟应当怎么读。

“薄”有 bó（文读）、báo（白读）两读，是文白异读字。除了“薄”外，“露”“蔓”“血”等文白异读字在课文中也会遇到类似情况。

就此跟教育部普通话培训测试中心有关同志进行了讨论，达成如下共识：

《观潮》一课中“薄雾”的“薄”可读 bó。“薄雾”一词有书面语色彩，文读较合适。此外，《珍珠鸟》一课中的“垂蔓”中的“蔓”宜文读为 màn，这样读就跟整篇文章的书面语色彩比较契合了。

另外，《她是我的朋友》一课中的“输血”“血管”中的“血”宜读 xuè，因为“输血”“血管”都是合成词。这两个词语里的“血”在《现代汉语词典》中，都注音为 xuè。而“抽血”“献血”中的“血”宜读 xiě，因为它们口语色彩较鲜明。

在《汉语拼音词汇》中，“抽血”的“血”拼写成 xiě。在《现代汉语常用词表》（商务印书馆，2008 年版）中，“献血”的“血”拼写成 xiě。两处都注为口语音。《她是我的朋友》中说的“所有血”“失去的血”中的“血”，因为是单说，也宜读 xiě。

“簸”在“颠簸”“簸箕”中的读音

“簸”有两种读音，一种是三声 bǒ，另一种是四声 bò。

“簸”读三声 bǒ 时，是动词义，有两个意思。一个是表“放在簸箕里上下颠动”。例如“簸谷子”“簸扬”“簸一簸小米”。另一个是表“上下颠动”。例如“风大浪高，船身簸荡得很厉害”“只见小船在水面上随着波浪上下簸动”。应当注意，“颠簸”的“簸”读三声 bǒ，不要读成四声 bò。

“簸”读四声 bò 时，是名词义，用于“簸箕”。例如

“铁簸箕”“竹簸箕”“柳条簸箕”“塑料簸箕”。另外，“簸箕”也用来表指纹的一种类型，其形状类似簸箕。例如“他的右手有三个簸箕，两个斗”。

杜甫的诗《复阴》说：“江涛簸岸黄沙走，云雪埋山苍兕吼。”郭沫若在《湖心亭》中说：“老太婆们穿着臃肿的小棉鞋，一颠一簸地在崎岖不平的泥泞的路上走着。”这两例中的“簸”都是动词义，宜读三声 bǒ。

成语“簸土扬沙”中的“簸”读三声 bǒ。“簸土扬沙”是“虚张声势”的意思。例如：“他们如此大吵大闹，只不过是簸土扬沙、虚张声势罢了，咱们不用搭理。”

小贴士

“簸（bǒ）罗”是一种吹奏乐器。例如元代杨维桢在《王左辖席上夜宴》中说“门外一声吹簸罗”。而“簸（bǒ）箩”则指“笸（pǒ）箩”，即用柳条或篾条编成的盛东西的器具，圆形，帮较浅。

C

“藏”在“宝藏”跟“矿藏”中的读音为何不同

“宝藏”的“藏”读 zàng，“矿藏”的“藏”读 cáng。这两个词语意思相近，且都是名词，为什么读音不同呢？

“宝藏”的意思是“蕴藏在地下的自然资源，也指储藏的珍宝”。“矿藏”的意思是“地下埋藏的各种矿物的统称”。按照规范的读音，“宝藏”的“藏”读 zàng，而“矿藏”的“藏”读 cáng。

“宝藏”是偏正结构，这里的“宝”可以理解为珍宝。这里的“藏”为名词义，意思是“储存大量东西的地方”，读 zàng。文言中“藏”有这个意思，例如《史记·平准书》:“山海，天地之藏也。”“矿藏”是主谓结构，其中的“藏”是动词义，故读 cáng。

在《普通话异读词审音表》中，“藏”有两读，“（一）cáng 矿～（二）zàng 宝～”。徐世荣先生在《普通话异读词审音表释例》中针对《普通话异读词审音表》中“矿藏”的读音解释说:“矿藏”义为矿中所蓄藏，“藏”为动作性语素，其构词格式为“主谓式”，非“并列式”。“矿藏”的构词犹如“库存”“仓储”等，而非如“仓库、仓廪”之两个名物性语素的组合。这个解释是很有道理的，有益于我们理解“宝藏”跟“矿藏”中“藏”的读音的不同。

“嘈杂”的“嘈”怎么读

“嘈杂”的“嘈”有人读 cāo，有人读 zāo，这两种读法都不对。

“嘈杂”的“嘈”应该读 cáo。《普通话异读词审音表》规定，“嘈”字统读为 cáo。也就是说，“嘈”字只有这一个读音。

“嘈杂”是声音杂乱、喧闹的意思。例如：

（1）抢购者人头攒动，嘈杂不堪。

（2）就餐的人说话声音太大，嘈杂刺耳。

在文言诗文中“嘈”也读 cáo。例如：

（3）嘈嘈切切错杂弹，大珠小珠落玉盘。（唐代白居易《琵琶行》）

“差”的四个读音

“差”在口语中，表示“不相合、缺欠、不够标准”的时候，读 chà，例如在以下词语中读 chà：

差不多　差不离　差点儿　差远了　质量差　还差一个人

如果“差”作为语素，出现在书面上常用的词里，虽然也表示上面的意思，但要读 chā，例如在下面的词语中要读chā：

差别　差错　差额　误差　偏差　差异　阴差阳错　一念之差

“差”表示“派遣”的意思时，读chāi，例如在以下词语中读chāi：

差遣　差事　出差　差旅费　鬼使神差

在“参（cēn）差”（“不一致”的意思）一词中“差”读cī。

下面词语中都有“差”，但读音不同：

（1）差劲（2）差距（3）差之毫厘，谬以千里（4）差役（5）成绩差（6）差两本书

其中：（1）（5）（6）读chà，（2）（3）读chā，（4）读chāi。

“裳”在“霓裳”中读cháng，不读shāng

“裳”有两种读音，一种是cháng，另一种是轻读shang。

“裳”读cháng时，指古人穿的下衣，像现在的裙子。古时上边穿的则叫“衣”。例如：

（1）绿兮衣兮，绿衣黄裳。（《诗经·邶风·绿衣》）

（2）惜乎衣未成而转为裳也。（《法言·修身》）

后来“衣”和“裳”都可以泛指全身的衣服。例如：

（3）七月流火，九月授衣。（《诗经·豳风·七月》）

（4）故渔者歌曰：“巴东三峡巫峡长，猿鸣三声泪沾裳。”（《水经注·江水》）

在现代汉语中，“裳”在“衣裳”一词中，轻读 shang。例如：

（5）竹竿上晾的是谁的衣裳（yīshang）？

“霓裳（cháng）”相传是神仙穿的。例如：

（6）青云衣兮白霓裳，举长矢兮射天狼。（《楚辞·九歌·东君》）

“霓裳”的“裳”读 cháng，国家语言文字工作委员会发布的中国语言生活绿皮书 A004《汉语拼音词汇 专名部分（草案）》（上海辞书出版社，2015 年 1 月版）给“霓裳羽衣曲”中“裳”的注音即为 cháng，有人读 shāng，是一种误读。

“场”在“一场风波”中怎么读

“一场风波”中的“场”，常有人读作 chǎng。其实，这里的“场”应当读二声。

“场”充当量词的时候，有两种读音，一种是 cháng，另一种是 chǎng。

凡处于文娱、体育活动类词语前时，读三声。例如在下列词语中读三声：

一场电影　两场话剧　三场演出　四场足球

五场乒乓球赛　六场比赛　早场　晚场　夜场

演出七场　五幕十二场

当处于指风、霜、雨、雪等自然现象，或者疾病、灾害，以及言语、行为的词语前时，读二声。例如在下列词语中读二声：

一场风　一场雪　一场雨　一场冰雹　一场病

一场大火　一场洪水　一场演讲　一场辩论

一场恶战　一场搏斗　一场革命　一场虚惊

当“场”处于句子末尾的时候，也按照上述原则处理。例如“这是第二场”，如果指暴风雨等，读 cháng；如果指戏剧演出等，则读 chǎng。

小贴士

“场”的基本义是平整的空地，例如“广场、机场、停车场”中的“场”都有这个含义。需要较大的平整空地进行生产活动的地方，称为“××场”。例如“猪场”“牧场”。

“厂”指进行工业化生产或加工的单位。例如“纺织厂”“钢铁厂”。具有宽敞地面可以存放货物并进行加工的场所习惯上也称“厂”。例如“煤厂”“木材厂”。“垃圾场”“屠宰场”中的“场”不要写成“厂”。

“谌”“盖”做姓氏怎样读

“谌”做姓氏以往读 chén。所以 1978 年以前的《现代汉语词典》只给“谌”姓注音为 chén。后来，群众中有人将“谌”姓读为 shèn。为了反映这种实际读音，1983 年的《现代汉语词典》增加了 shèn 的读音。这样，“谌”姓就有了两种读法。在使用中，姓“谌”的人应该坚持自己的读法，不宜随意改变。

有人把做姓氏的“盖”读作 gě，也有人读成 gài，究竟应当怎样读呢？

在《汉语大字典》和《汉语大词典》中，“盖”读 gài 时，不做姓氏，读 gě 时才做姓氏。台湾地区目前使用的《最新实用字典》中，“盖”也是读 gě 时才用做姓氏。但是，在《现代汉语词典》中，“盖”读 gài、gě 时，都可以做姓氏。

《汉语大字典》等工具书反映的是漫长的历史中的读音情况。也就是说，以往，“盖”做姓氏时要读 gě，不读 gài。但是，gě 这个读音很少用，gài 的读音很常用，所以，在长期的使用中，有些人就干脆把做姓氏的“盖”也读作 gài 了。

1960 年的《现代汉语词典》（试印本）跟上述《汉语大字典》《汉语大词典》及《最新实用字典》一样，规定“盖”做姓氏时读 gě，不读 gài。后来，《现代汉语词典》注意到许多人把做姓氏的“盖”读作 gài，于是，为了反映现实的读音情况，1965 年的《现代汉语词典》（试用本）中，增添了“盖”做姓氏时读 gài 的音。

总起来说，“盖”做姓氏时，读 gài 读 gě 都可以。但对姓“盖”的人来说，应当坚持一种读法，不宜随意更改。

“称”在“称职”“对称”中的读音

“称”有两个读音，一个是一声 chēng，另一个是四声 chèn。

读一声 chēng 的时候，主要有三种意思。

第一种意思多跟语言有关系，包括：一、叫，称呼。如“称兄道弟”“记者被称为‘无冕之王’”。二、说，述说。如“据称这座山里有老虎”“大家连声称好”“人们纷纷点头称是”。三、赞扬。如“称赞一番”“人人称颂”。四、自称（以某种名分自居）。如“占山称王”“称霸一方”。

第二种意思是“用秤来测量轻重”。如“称一称这些鸡蛋有多重”。

第三种意思是举或举起，如“称觞（shāng）”“称兵”。这是文言的说法，生活中很少用到。

“称”读四声 chèn 的时候，主要有两个意思。一个是“配得上，符合，适合，合适”一类意思。例如：

（1）这两年的表现说明他做这个工作很称职。

（2）如此一来，你就称心如意了。

（3）你挑选的这两种颜色搭配起来很相称。

（4）这幅画人的眼睛画得对称，耳朵画得有点不对称。

（5）报纸版面的图画和文字安排很匀称。

另外，口语中表示“拥有”或者“富有”的意思时，常说 chèn，现在一般多写“趁”不写“称”。如：“他趁一辆轿车”“这人很趁钱”“他家特别趁”。

小贴士

台湾地区说的“称头”（形容词），是说装扮举止与身份相称，其中的“称”读 chèn，如“那位歌星称头的打扮引来不少目光”。

“炽热”的“炽”读 chì，不读 zhì

“炽（chì）”指火燃烧得旺，也用来形容事物旺盛或者热烈。由“炽”组成的常见词语有“炽烈”“炽热”“炽盛”等。例如：

（1）森林大火炽烈地燃烧着，灭火飞机飞来了。

（2）炽热的阳光照在人脸上，火辣辣的。

（3）山林火焰炽盛，忽然下起大雨，火势顿时弱了。

“炽”常有人误读为 zhì，原因是“织”“帜”等字声母是 zh，而常用字中除“炽”外，很少用“只”来表 ch 声母。

“臭”在“铜臭”中的读音

“臭”有两种读音，一种是 chòu，另一种是 xiù。

读 chòu 的时候，表示“气味难闻”或者“令人厌恶”“技艺低劣”“狠狠地”“枪弹失效”等意思。例如：

（1）城外这条沟原先臭气熏天，现在变成碧波荡漾的小河了。

（2）他老摆臭架子，所以落下臭名。

（3）这是一步臭棋，导致他最后输掉了这盘棋。

（4）我昨天刚劝了两句，就被臭骂了一顿，今天不敢再去碰钉子了。

（5）他手指一钩，枪没响，赶上一颗臭弹。

“臭”读 xiù 表气味。例如：

（6）空气是无色无臭的气体。

（7）他懂什么呀，还是个乳臭未干的孩子。

“臭（chòu）味相投”现在一般用来指有相同坏习气或不良嗜好的人彼此投合，带贬义。例如：

（8）这几个人不务正业，臭味相投，早晚要出问题。

过去，“臭味相投”也曾指“思想情趣相投的人，彼此合得来”。这时，应当读“臭（xiù）味相投”。例如：

（9）这二位官人，为官也都清正，因此臭味相投，每遇公事之暇，或谈诗，或弈棋，或在花前竹下，开樽小饮，彼来此往，十分款洽。(《醒世恒言·薛录事鱼服证仙》)

“铜臭”指铜钱、铜圆的气味，其中的“臭”读 xiù。“铜臭（xiù）”一般用来讽刺那些爱钱如命、唯利是图的人的思想和行为。例如：

（10）他的话语中流露的想法充满铜臭气，令人生厌。

（11）这个人处理任何问题都是金钱挂帅，浑身铜臭。

“处”在“独处”“处方”“处暑”中的读音

“处”有两种读音，一种是三声 chǔ，另一种是四声 chù。

“处”读三声 chǔ 时，是动词义。常见的用法有：一、表“惩办、惩罚”。如“处分”“惩处”“处以重刑”中的“处”都读 chǔ。二、表“安排、办理”。如“处理”“裁处”中的“处”读 chǔ。三、表“交往，跟别人在一起”。如“处得来”“共处”“相处”中的“处”读 chǔ。四、表“置身于某地或某种情况中”。如“处境”“地处闹市”“养尊处优”“处在发展阶段”中的“处”读 chǔ。五、表“居住”。如“独处一室”“五方杂处”“穴居野处”中的“处”也读三声 chǔ。

“处”读四声 chù 时，是名词义。常见的用法有：一、表“地方”。如“处所”“所到之处”“心灵深处”中的“处”读 chù。二、表“事物的方面或部分”。如“长处”“难处”“害处”“坏处”中的“处”读 chù。三、表“机关中一种级别的单位”。如“办事处”“财务处”“科研处”中的“处”读四声 chù。

“独处”指单独居住，“处”读三声 chǔ。“处方”指医生给病人开的药方，“处”读三声 chǔ。“处之泰然”是说面对危急情况时沉着镇定，“处”读三声 chǔ。“处暑”指炎热的天气将止息了，“处”读三声 chǔ。

小贴士

《红楼梦》第一百一十九回中，贾环说："我早起在大太太跟前说的这样好，如今怎么样处呢？"意思是，自己早上跟大太太汇报时把情况说得很好，如今发生意外，怎么处理才好？这里的"处"应当读三声chǔ。

"处（chǔ）警"是指警方处理警务工作。例如："报警几分钟后，民警就赶到现场，处警迅速。""处（chǔ）女秀"是指第一次表演或展示。例如："这位新歌手昨晚的处女秀获得好评。"

"创"在"创口""创新"中的读音

"创"有两种读音，一种是一声chuāng，另一种是四声chuàng。

读一声chuāng的时候，有两个意思。

其一是"伤口，外伤"。例如"创口已经痊愈""背部的创伤上了几次药，好多了"。"创痕""创巨痛深"多用于比喻义，其中的"创"也读一声。

另一个意思是"杀伤，打击"。例如："在我军打击下，敌人受到重创，狼狈逃窜了。"

"创"读chuàng的时候，表示"创造，创造性的"。例如"创了新的世界纪录""他们首创了这项新工艺，大大提高了功效”“这个想法很有创见”“他们的设计富有创意”。表示“通过经营而获取”时，也读四声 chuàng。例如“创汇”“创利”“创收”中的“创”都读四声。

曹禺话剧《北京人》第三幕台词说：“这次在外面一定要创出一番事业。”其中的“创”应读四声 chuàng。

小贴士

新词语“创业园”是指为吸引科技人才创业而设立的科技企业基地。例如：“台湾农民在海峡两岸农业合作试验区和台湾农民创业园可申办个体工商户。”其中的“创”应读四声 chuàng。

“丛”在“草丛”中怎么读

“草丛”的“丛”有人读阴平，是不正确的，应当读阳平，读成 cóng。

“丛”是“聚集”的意思，例如：丛生、丛集。“丛”也指生长在一起的草木，例如：草丛、树丛。“丛”还泛指聚集在一起的人或物，例如：人丛、论丛、刀丛。

《普通话异读词审音表》规定，“丛”统读 cóng，所以以下词语中的“丛”都应读为 cóng：

丛刊　丛林　丛莽　丛山　丛生　丛书　丛谈　丛杂

D

“大大咧咧”等词的读法

在《现代汉语词典》中，“大大咧咧”的注音是dàdaliēliē，“马马虎虎”的注音是mǎmǎhūhū，“洋洋洒洒”的注音是yángyángsǎsǎ。

这三个词语都是AABB式重叠的形容词，但注音却有差别。AABB式形容词的变调是口语中的一种音变现象。在口语中常说的词语，容易变调，口语中不常说而书面上常见的词语则不容易读成变调的格式。

“洋洋洒洒”在书面上常用，而口语中不是很常用，因此习惯上不变调，四个音节都读成本调，故而注音为yángyángsǎsǎ。“大大咧咧”跟“马马虎虎”口语中都说，所以后面两个音节都变读阴平。不过，“大大咧咧”在口语中，人们一般都把第二个音节读成轻声，而“马马虎虎”口语中第二个音节有时候也读本调，所以注成两读的。

对读音的这些分析似乎太细致了，人们也不太好掌握。因此现在有的词典编者正在考虑把AABB式形容词都注成本调。我觉得这种考虑是可取的。

另外，在书面上，AABB式形容词以前人们习惯按照四字成语来处理，拼写时中间加上短横。其实这个短横没有必要。一是中间加短横会割裂拼写的词语，二是不加短横不会产生阅读上的困难，三是不加短横也易于人们操作。因此现在人们倾向于不加短横。如此看来，《现代汉语词典》中给 AABB 式形容词注音时中间不加短横的做法是恰当的。

“呆板”怎样读

1963 年的《普通话异读词三次审音总表初稿》中规定，“呆板”读 áibǎn。

1985 年的《普通话异读词审音表》对上述规定做了调整，规定“呆”统读 dāi。也就是说，“呆”在任何情况下都读 dāi。因此，现在的工具书与过去的工具书便出现了差异。

宜按照现在的工具书，将“呆板”读为 dāibǎn。有人仍按照旧规范去读，这是应当纠正的。

“逮”在“逮捕”“逮住”中的读音

“逮”有两个读音，一个是三声 dǎi，另一个是四声 dài。

“逮”读三声 dǎi 的时候，表示“捉”的意思。“逮”字的古字形（金文）便是一只手抓住一条动物的尾巴。例如：“他逮住了一只蚂蚱”“昨天用夹子逮住一只老鼠”“我们帮助警察逮小偷儿”“在花园里逮蛐蛐儿”。由此可见，在口语中单说“逮”的时候，要读三声 dǎi。

“逮”读四声 dài 的时候，也是表示“捉”，但是用于合成词中。例如“车祸的肇事者已被逮捕法办”“警察向犯罪嫌疑人出示了逮捕证”“公安局已经下达了逮捕令”。从上面的例子可以看出，表示“捉”的合成词，常见的只有一个“逮捕”。

“逮”读四声 dài 的时候，还有一个意思是“到，及”。例如“非臣愚见所能逮及”是说“不是我愚笨的见解所能想到的”，“逮及商、周”是说“等到商代、周代的时候”。成语“力有未逮”是说“能力做不到”，如：“他一直想调解两个人的矛盾，但是力有未逮，一直没成功。”

另外，成语“力所不及”是说力量限度以内做不到，这个成语也说成“力所不逮”，其中的“逮”是“及”的意思。从上面的例子可以看出，“逮”表“到，及”的意思时，主要见于文言或成语。

“当”在“恰当”“当年”中的读音

“当”有两个读音，一个是一声 dāng，另一个是四声 dàng。

“当”读一声 dāng 时，常见的意思有：

一、表“相称”。如“相当”“门当户对”。二、表“担任”。如“当老师”“当代表”。三、表“应该”。如“该当何罪”“理当如此”。四、表“掌管”。如“当家”“独当一面”。五、表“对着”。如“当面”“当着大家”。六、表“正在”。如“当我回来的时候”。这些地方，人们往往不会读错，一般不需要特别记忆。

“当”读四声 dàng 时，常见的意思有：

一、表“合适”。例如“不当”“得当”“恰当”“妥当”“稳当”“用词不当”。二、表“当作”。例如“安步当车”“没把你当外人”。三、表“以为”。例如“当真”“我当你回去了”。四、表“圈套”。一般见于“上当”一词。例如“防止吃亏上当”。五、表“跟已经发生的事情同时出现”。例如“当时”“当年”。

值得注意的是，“当（dāng）时”“当（dāng）年”跟“当（dàng）时”“当（dàng）年”意思不同。其中的“当”读一声 dāng 时，表示从前某个时间，“当”读四声 dàng 时，表示“跟已经发生的事情同时出现”。例如：

（1）他当（dāng）时在农村插队。

（2）他一听到这话，当（dàng）时就跑了出去追赶老谢。

（3）我当（dāng）年当兵的时候，来过这个城市。

（4）这个工厂建好后当（dàng）年就取得很大效益。

把“当（dàng）”误读成 dāng 的情况比较常见。因此，应记住上面几种“当（dàng）”的常见用法。

"当"在这里怎么读

有位老师问，课文《地球清洁师》中说："我们用牛粪、马粪当点心……"。其中的"当"应该读一声还是读四声。

"用牛粪、马粪当点心"中的"当"是"当作"或者"当成"的意思。而"当作""当成"中的"当"是读四声 dàng 的。因此，这里的"当"宜读四声 dàng。

"当天"怎么读

《现代汉语词典》第 6 版中，"当天"有两种读法，一是读 dāngtiān，二是读 dàngtiān。在《现代汉语词典》第 7 版中，"当天"只读 dàngtiān。这种调整符合语言的实际发音。因为当我们说"当天"的时候，总是指跟某件事相联系的"同一天"，而表示这个意思宜读 dàngtiān。指跟某件事"同一时间"的"当日""当晚""当月""当年"中的"当"也读四声 dàng。"当"有"同一"的意思。"当年""当日"因为可以指过去某个时候，所以也可以读 dāngnián、dāngrì。例如"当年他参加八路军时只有十六岁""这位艺术家不减当日风采"。

“档案”的“档”读 dàng，不读 dǎng

“档”读四声 dàng，有以下用法：

一、带格子的架子或橱柜。例如：

（1）材料用完了，要及时归档。

二、档案。例如：

（2）人事干部正在查档，等搞清楚情况再研究。

三、商品、产品的等级。这种说法较常见。例如：

（3）别买这种低档插座，爱坏，还容易出事。

（4）这个商店中档货物比较多，顾客很多。

（5）等你考上大学，咱们去一家高档餐厅吃饭。

四、量词，用于事情。例如：

（6）我得给你说好几档事儿呢，现在忙，等明天吧。

（7）就这么两档子事儿，你怎么老处理不好啊？

五、摊位。例如：

（8）这边是鱼档，那边是蔬菜档。

或许是受了“挡（dǎng）”的影响，有人把“档”读成三声 dǎng，这是一种误读。

“地方”的两种读音和意思

“地方”读 dìfāng 时，表示下面几个意思：

一、各级行政区划的统称，跟“中央”相区别。例如：

（1）解决好这个问题，中央和地方单位的协同很重要。

（2）这个水利设施除中央单位投资外，地方机构也投了资。

（3）各项工作，地方都要服从中央的统一安排。

二、指军队以外的部门、团体等，跟“军队”相区别。例如：

（4）转业到地方的军队干部，我们都已经妥善安排了。

（5）掌握这些技术的战士可以说是军队和地方两用人才。

（6）没有地方上的大力支持，我们搞不好训练。

三、指“当地”或“本地”。例如：

（7）这个新政策，地方上的群众很欢迎。

（8）设计这个雕塑，要充分考虑地方文化特色。

（9）他对地方经济的发展做出了贡献。

“地方”读 dìfang 时，表示下面两种意思：

一、表示某个区域、空间的某部位或某整体的某部位，以及“空位”。例如：

（10）你家住什么地方？

（11）现在飞机在什么地方？

（12）这辆汽车什么地方有毛病？

（13）我们来晚了，还有地方坐吗？

二、表示某些事物的组成部分。例如：

（14）他的说法有对的地方，也有不对的地方。

（15）这出京剧精彩的地方不少。

（16）这篇文章有的地方可以再修改一下。

应当注意的是，在说普通话的时候，或者给词语注音的时候，凡是表示“区域”“部位”“部分”一类意思时，“地方”中的“方”要读轻声或注为轻声。人们往往忽略这一点。

“地下”有两种读音，意思不同

有人问，“罐子掉在地下”是否应改成“罐子掉在地上”。这个问题跟“地下”的读音有关。“地下”有两种读法，一种是 dìxià，另一种是 dìxia。第二种读法把“地下”读成了轻声词。

“地下”读 dìxià 的时候，表示“地面之下”。例如：

（1）地下水丰富的地方容易打井。

（2）地下一层的超市很大，去看看吧。

“地下”也用来指“秘密的”“不公开的”。例如：

（3）地下党正组织对几位狱中同志的营救。

（4）不能搞非法的地下活动。

“地下”读成轻声词 dìxia 的时候，表示“地面上”。例如：

（5）瞅见地下有一张纸条。

（6）把篮子先搁地下休息会儿。

“罐子掉在地下”，是说“水罐掉在了地面上”，这里的“地下”宜读成轻声词 dìxia。

“调配”的两种读音和意思

“调配”有 diàopèi 和 tiáopèi 两种读法。

“调配”读 diàopèi 的时候，表示“调动，配置”。例如：

（1）给他们研究室调配了精兵强将，以保证研究顺利进行。

（2）农场决定合理调配劳动力，让“三夏”工作有序展开。

（3）必须合理调配水资源。

“调配”读 tiáopèi 的时候，表示“调和，配制”。例如：

（4）我们医院自己调配了一些治疗这种病的特效药。

（5）舞台背景的色彩要调配得和谐一些。

（6）学校很重视调配好学生们的饮食。

从上面的例子可以看出，读 diàopèi 的时候，语意重心在“调动”，而读 tiáopèi 的时候，语意重心在“配制”。

另外，“调换”应读 diàohuàn，往往有人误读为 tiáohuàn。“调换”的意思是“互换”或“更换”。例如：

（7）我们的教练已经调换到别的学校了。

（8）咱们俩调换一下值班时间吧。

（9）需要马上调换有问题的飞机零件。

（10）调换了三根钢梁之后，这个厂房的结构坚固多了。

例（7）（8）中的“调换”表“互换”，（9）（10）中的“调换”表“更换”。

“度”在“揣度”中的读音

“度”有两种读音，一种是 dù，另一种是 duó。

表示“准则、计量单位、范围、程度、人的气质”等意思时读 dù。例如在“尺度”“弧度”“角度”“摄氏度”“国度”“进度”“长度”“风度”等词语中，“度”都读 dù。这是比较多见的读法。

读 duó 的情况相对来说比较少，当“度”表示“推测”“估计”一类意思时要读 duó，这也是“度”容易读错的地方。

下面举几个较常见的“度”读 duó 的词语：

一、“猜度”，是“猜测”的意思。二、“揣度”，是“估量”的意思。三、“忖度”，也表“估量”。四、“以己度人”，指“用自己的想法衡量或揣测别人”。五、“审时度势”，指“了解时势的特点，估计情况的变化”。这几个词语中的“度”容易误读为 dù。

《红楼梦》第三回中，黛玉刚进贾府，去拜见二舅和二舅妈。进了东耳房，女仆们请黛玉炕上坐。看到炕上有两个坐垫，“黛玉度其位次，便不上炕，只向东边椅子上坐了”。黛玉推测这两个坐垫是留给长辈的，所以坐到炕下的椅子上。这里的“度”是“揣度”的意思，应该读 duó，不宜读 dù。

小贴士

有些地区有“度身定做”的说法，是指按照身材的高矮胖瘦来做衣服，其中的“度”是“估量”的意思，应读为 duó。

E

“嗯”应该怎么读

“嗯”是叹词，有三种读法。

一是读二声 ńg，表示疑问。例如：

（1）嗯？你什么意思？

（2）嗯？这是谁的主意？

二是读三声 ňg，表示不以为然和出乎意料。例如：

（3）嗯，好像不是这样吧。（不以为然）

（4）嗯！他怎么还没来啊？（出乎意料）

三是读四声 ǹg，表示应诺。例如：

（5）嗯，就这么办吧。

（6）嗯。好的。

“儿”有几种读法

书面上的“儿”有三种读法。

第一种读儿化韵，也就是把“儿”读成一个卷舌音色，“儿”跟前面的字是一个音节。例如“门儿”，要把“儿”跟前面的“门”读成一个音节，即在前面音节的末尾加上一个卷舌动作。

这种读法具有“指小”“喜爱”等意味。例如“花生壳儿”有“小”的意味;“红脸蛋儿”有“喜爱”的意味。另外，读成儿化后，一般就确定了词性为名词。例如“尖”是形容词，“滚”是动词，读成“尖儿”“滚儿”之后，都成为名词。在常见的词语中，“玩”是一个例外，读成儿化后，“玩儿”仍然是动词。

《红楼梦》第六十九回里，王熙凤描述贾府家道中落、入不敷出的情景时，叹息:“咱们的月例，一月赶不上一月，鸡儿吃了过年粮。”这句话里的“儿”必须读成儿化韵，这样，才能显现出“鸡儿”跟“今儿”的谐音，也才能读出话语里的意思。如果读成“鸡”“儿”两个音节，跟“今儿(jīnr)”不谐音，也就读不出作品的原意了。

值得注音的是，在汉语书面语里，有时候没有“儿”，也要读出儿化来。因为所有的儿化词都写出“儿”来，书面上的“儿”就太多了，成了“满天星”，故而该读儿化的地方，人们常常不写出“儿”来。例如老舍《骆驼祥子》开头说:“北平的洋车夫有许多派：年轻力壮，腿脚灵利的，讲究赁漂亮的车，拉‘整天儿’，爱什么时候出车与收车都有自由……”隔了一小段话后老舍继续说:“这派的车夫，也许拉‘整天’，也许拉‘半天’。”前面的“整天儿”老舍加了“儿”，后面的“整天”“半天”老舍没有加“儿”，其实我们读的时候，都要读成儿化词，才符合语言实际。这种没有“儿”字也要读成儿化的情况，有人称为“无儿要化”(即无“儿”字也要读成儿化词)。

第二种读法是读成两个音节。例如“好男儿志在四方”“我国体育健儿在奥运会上勇夺金牌”中的“男儿”“健儿”都要读成两个音节，而且还要读成汉语双音词的“中重”格式。再如，“幼儿、宠儿、孤儿、胎儿、婴儿”中的“儿”也都要读成一个独立的音节，整个词语也要读成“中重”格式。

第三种读法也是读成两个音节，但是后面的“儿”读得比较轻，类似普通话里的轻声，不过没有轻声那么轻。

这种读法多出现在散文、诗歌特别是儿歌中。

例如散文《废园》：“立春才不久，园中没有一朵花，自然也没有蜂狂蝶浪，蜂儿蝶儿还在蛹里沉睡呢。”再如诗歌《鸟儿，鱼儿》：“美丽的鸟儿，在高空中飞翔，低头看着，那汪洋大海里的鱼儿。”又如儿歌《月儿弯弯》：“月儿弯弯，云儿飘飘，风儿像流水，月儿像小桥。”

这三个言语片段中的“蜂儿”“蝶儿”“鸟儿”“鱼儿”“月儿”“云儿”“风儿”都要读得比较轻，整个词语读成汉语中双音词的“重轻”格式。

第二种和第三种读法，有人称为“有儿不化”（即有“儿”字不读成儿化词）。

小贴士

写文章的时候，口语中儿化词后面的“儿”字有时可以不写出来，例如“饭馆”“豆馅”“遛弯”等。

有的小物件要写出“儿”，例如“棍儿”，如果写“棍”，就指比较大的棍子了；有的词性变了要写出“儿”，例如“亮儿（光亮）”；有的儿化后意思变了要写出“儿”，例如“头儿（领导）”。

F

“坊”在“牌坊”中怎么读

“坊”有一声 fāng 和二声 fáng 两种读音。

“坊”读一声 fāng 的时候，常用于街巷名称。例如：

（1）白纸坊在北京城西南方。

（2）锦什坊街在北京西城。

“坊”在“街坊”一词中读轻声。“街坊”是“邻居”的意思。例如：

（3）搬到楼房后，过去的好些老街坊，还常来串门。

“坊”表示手工业者的工作场所时读二声 fáng。例如：

（4）这条街上过去有家染坊。

（5）老王开的豆腐坊生意不错。

（6）现在街上面包坊不少，也卖其他甜食。

宜注意，“作坊”中的“坊”读轻声。例如：

（7）这家过去的造纸作坊（zuōfang），已经成了旅游景点。

“牌坊”中的“坊”有两种读法，一种是读一声 fāng，读成 páifāng；另一种是读轻声，读成 páifang。两种读法都可以。但口语中一般读 páifang。“牌楼”跟“牌坊”不同，只读轻声，读成 páilou。

“绯闻”的“绯”怎么读

“绯”是“红色”的意思，读一声 fēi。“绯衣”指古代官员的红色品服。“绯红”指鲜红或通红。例如：

（1）上野的樱花烂熳的时节，望去确也像绯红的轻云。（鲁迅《朝花夕拾·藤野先生》）

（2）万雪斋听了，脸就绯红。（《儒林外史》）

“绯闻”也称“桃色新闻”，指关于不正当男女关系的新闻。其中的“绯”要读一声 fēi，常有人误读为三声 fěi。

“菲薄”“芳菲”中“菲”的不同读音

“菲”常见的读音有一声 fēi 和三声 fěi。

“菲”读一声 fēi 的时候，表示花草芳香。例如：

（1）别来春物已再菲，西望不见红日围。（宋代苏轼《作书寄王晋卿忽忆前年寒食北城之游走笔为此诗》）

“芳菲（fēi）”常用来指花草芳香而艳丽。有时也用来指花草。例如：

（2）这个公园春草芳菲，令人心旷神怡。

（3）暮春时节，景山脚下芳菲满园，游人很多。

“菲菲”是指花草茂盛或芳香。例如：

（4）溪头三月草菲菲，城畔春游惜醉稀。（宋代梅尧臣

《依韵和吴季野马上口占》）

（5）花草菲菲，彩蝶纷飞。

“菲”读三声 fěi 的时候，常表示“微薄”（数量少，价值低）的意思。例如：

（6）他的手表价值不菲，值好几万吧。

“菲（fěi）薄”也是“微薄”的意思。例如：

（7）虽然待遇菲薄，但他仍坚持在村里当老师。

（8）礼物菲薄，还望您笑纳。

“菲薄”也用来表示“轻视”。例如：

（9）咱们不能妄自菲薄，要努力赶超世界一流水平。

（10）不要菲薄前人研究成果。

“菲薄”的“菲（fěi）”往往被误读成一声 fēi。

“拂面”“拂袖”中的“拂”读 fú，不读 fó

“拂”只读 fú，不读 fó，“拂”常见的用法有以下几项：

一、表擦拭。例如：

（1）拂去机顶盒上的灰尘，看清了上面的字。

（2）拂去历史的尘埃，搞清楚事件真相。

二、表轻轻擦过。例如：

（3）春风吹拂着大地，一派生机。

（4）春风拂面，一点儿也不冷。

三、表甩动。例如：

（5）他有些不悦，拂袖而去。

四、表接近。例如：

（6）我军拂晓发起攻击。

上面例子中的“拂”都要读 fú，不宜读 fó。

“脯”在“果脯”中读 fǔ，不读 pǔ

“脯（fǔ）”常见的用法有：

一、指“干肉”。例如：

（1）这是腌的肉脯，放半年没问题。

（2）他带上兔脯，踏着积雪出发了。

二、指用糖、蜜等腌制的瓜果干儿。例如：

（3）果脯是北京特产，旅游者喜欢买。

（4）小吴爱吃杏脯。

虽然有的人在口语中把“果脯”的“脯”读成 pǔ，但我们还是应当按照规范的读音读 fǔ。

另外，“脯”还指“胸部”，这时读 pú。例如在“胸脯”中读 pú。

G

“戛纳电影节”的“戛”怎么读

戛纳是位于法国东南部的海滨城市，是欧洲有名的旅游胜地，因举办“戛纳国际电影节”而闻名于世。人们在读媒体上的“戛纳电影节”的时候，一般都把“戛”读成 gā，而不读成 jiá。这已经成为一种普遍的读法。

鉴于这种社会实际读音的情况，某些工具书给“戛”增加 gā 的读音是有道理的，因为这样做反映了当前社会普遍的读法。人们常用的《新华字典》《现代汉语词典》等权威工具书已经给“戛”增加了 gā 的读音，并解释为“戛纳（Gānà），法国地名”。

有的工具书例如《新华多功能字典》则说，“戛”用于译音时读 gā，并举例说在“戛纳”中读 gā。也有的工具书说“戛”用于地名时读 gā，并举例说在“平戛”（云南西部地名）中读 gā。

“噶”在“准噶尔盆地”中怎么读

在 1962 年 12 月发表的《普通话异读词审音表初稿》

（第三编）中，有“噶厦”一词。“噶厦”是原西藏地方政府的名称，读 gáxià。其中的“噶”在过去的工具书如《国语辞典》中曾有两读，除 gá 外，还读 gé。显然，《普通话异读词审音表初稿》（第三编）没有采纳 gé 读音。

1992 年版的《汉语大字典》承袭了“噶”的 gá、gé 两读（2010 年版仍为两读）。其中“噶”读 gé 时的用法是这样的：一是表示“赌咒”的意思，二是用来做拟声词，所举的例子均出自《儿女英雄传》。但这两种用法在现代汉语中已不多见，所以 20 世纪 60 年代的《普通话异读词审音表初稿》（第三编）只采用了 gá 一种读音。

“噶”读 gá 的时候，在汉语书面语中实际上是译音用字。例如“噶伦堡”（印度东北部边境城镇）中的“噶”也读 gá。

1985 年 12 月公布的《普通话异读词审音表》沿用了《普通话异读词三次审音总表初稿》的做法，并明确规定“噶”统读 gá。

“准噶尔盆地”中的“准噶尔”显然系音译词，其中的“噶”也应当读 gá，不能读 gā。所以，《汉语大词典词目音序索引》中给“准噶尔”中的“噶”注音为 gá、台湾地区 1996 年版《最新实用字典》中给“准噶尔盆地”中的“噶”注音为 gá。

在 2013 年的《通用规范汉字表》里，“噶”收在《二级字表》中。

“干”在“松赞干布”中怎么读

有人问,《文成公主进藏》中“松赞干布”的“干”应该读一声还是读四声。

“松赞干布”作为专有名词在汉字简化前就已存在,因此其中“干”的读音跟繁简字的对应有关。“松赞干布”中的“干”是简化字,汉字简化时,把“乾(gān)”和“幹(gàn)”都简化作“干”。这个简化的“干”跟繁体字文本中的“干”“乾”“幹”三个字相对应:

“干”作为古已有之的传承字,用于“干戈、干涉、干支”等词语中;作为“乾”的简化字,用于“干燥、风干、干脆、干净”等词语中;作为“幹”的简化字,用于“干线、干部、精干”等词语中。

在台湾地区的《重编国语辞典》(修订本)中,繁体的“松赞干布”中也用“干”。此外,《小学生百科词典》中,“松赞干布”词条有注音,“干”注为一声。因此,“松赞干布”中的“干”宜读一声。

“杆”在“水泥杆”“笔杆”中的读音

“杆”有两个读音,一个是一声 gān,另一个是三声 gǎn。

“杆”读一声 gān 时，用于指整根的杆子。例如：

（1）院子的东墙上，靠着两根长长的杆子，一根是木头的，一根是竹子的。

（2）学校的操场上竖着一根旗杆，每天早上全校师生在这里举行升国旗仪式。

（3）他用刷子把路边几根电线杆上的小广告清理干净了。

（4）从很远的地方就可以看见，这艘船的桅杆上挂着一面鲜艳的五星红旗。

（5）水泥杆子上拴着辆自行车。

“杆”读三声 gǎn 时，有两种用法。

一、表示器物上的杆状部分。例如：

（6）笔杆儿上刻着几个字。

（7）这是一种老式步枪，枪杆儿比较长。

（8）村头蹲着一位老农，手里拿着烟袋，烟袋杆儿上挂着装烟草的小袋子。

（9）他拿出个秤来，秤杆儿上挂着个秤砣。

例（1）至（5）中的“杆”指整根的杆子，所以都读一声 gān。（6）至（9）中的“杆”指器物的杆状部分。例如（6）中的笔除了笔杆儿还有笔尖，（7）中的枪除了枪杆儿还有枪把儿，（8）中的烟袋除了烟袋杆儿还有烟袋锅，（9）中的秤除了秤杆儿还有秤砣，所以都读三声 gǎn。

二、用作量词，多用于杆状物。例如：

（10）站岗的士兵手里拿着一杆枪。

（11）你去拿几杆笔来，让代表们签名。

（12）远处来了一条木船，船上插着几杆旗。

“扛鼎之作”的“扛”怎么读

“扛”有两个读音，一个是káng。读káng时表示用肩膀来承担物体。例如“把铺盖卷扛上”“扛上枪”“扛着锄头”。

“扛（káng）”还有“承担责任”的意思。例如：“这个重任就交给你来扛吧。”“有什么事儿，我扛着。”

另一个读音是gāng。读gāng时表示用双手举起重物。《史记·项羽本纪》说项羽“长八尺余，力能扛鼎”，其中的“扛鼎”指用双手把鼎举起来，而不是指把鼎扛（káng）在肩膀上，所以应读gāng。同样，“扛鼎之作”中的“扛”也应读gāng。

“胳肢”“胳肢窝”中“胳”的不同读音

“胳”常见的读音有三种：

一、在“胳膊”中读gē。例如：

（1）演员的胳膊（gēbo）上戴着红袖章，扮成红军的样子。

二、在“胳肢窝”中读gā。例如：

（2）小刘胳肢窝（gāzhiwō）里夹着本书。

（3）紧张得他胳肢窝（gāzhiwō）里都出汗了。

三、在“胳肢”中读 gé。例如：

（4）小吴胳肢（gézhi）小赵，小赵边笑边躲。

（5）她最怕别人胳肢（gézhi）胳肢窝（gāzhiwō）。

“更”在“打更”“深更半夜”中的读音

“更”在“深更半夜”中读 gēng。这里的“更（gēng）”是量词。古代曾将一夜分为五段时间，每段时间大约两小时，叫一更。例如：

（1）三更半夜的，好好睡。

（2）夜静更深，街上几乎没有行人。

过去，在北京话里，把表示夜晚一段时间的“更”读成 jīng。“打更”指旧时代更夫报时。《北京方言词典》和《北京话词典》中，都把“打更”的“更”注音为 jīng，这种注音反映了北京话里“更”的读音。在 1937 年出版的《国语辞典》中，表示晚上一个时段的“更”有 gēng、jīng 两种读音。从上述情况来看，表示夜晚一个时段的“更”的两种读音，实际上是文白异读。过去北京口语音中多读 jīng，后来说得少了，因此现在的读音规范指夜晚的一个时段时，“更”只有 gēng 一读。

“供”在“供应”“供认”中的读音

“供应”中的“供”读gōng，“供认”中的“供”读gòng。

“供”有两个读音。读一声gōng时，指“供给、向对方提供某种条件”，例如：

（1）他给我们提供了多篇高质量的稿件。

（2）子女供养父母是应该的。

（3）出版社给员工提供早餐和午餐。

（4）这个店铺的糖炒栗子供不应求。

（5）爹妈供你上大学不容易啊。

“供”读四声gòng时，通常有以下两个意思：

一是指受审者交代或指交代的材料。例如：

（6）他供认了自己犯罪的过程。

（7）分析犯人口供后，他们发现了新线索。

二是指为祭祀摆设祭品或指祭品。例如：

（8）到这座庙里上供的人不少。

（9）寺院里的供品很丰盛。

“勾当”的“勾”怎么读

“勾”在词语中大多读gōu。例如“勾搭、勾兑、勾画、勾结、勾引、勾心斗角”中，“勾”都读 gōu。

在现代汉语的常用词语中，只是在“勾当”中，“勾”读去声 gòu。例如：

（1）这种勾当可以肯定，是懒汉王二狗干的。

（2）鬼子企图掩盖他们的罪恶勾当。

“呱”在“呱呱坠地”和“蛙声呱呱”中的不同读音

“呱”是拟声词，有 guā 和 gū 两种读音。

“呱”用来形容鸭子、青蛙等的鸣叫声时，读 guā。例如：

（1）听见呱呱的青蛙叫声，知道离池塘不远了。

（2）一只乌鸦呱呱叫了几声，飞走了。

“呱呱（guāguā）叫”除了表示叫声之外，也常用来表示“非常好”的意思。例如：

（3）他干这活儿的本领真是呱呱叫，没说的。

（4）小李的油画画得呱呱叫，全班第一。

“呱”用来形容小孩儿的哭声时，读 gū。例如：

（5）婴儿呱呱而泣，一定是饿了。

（6）从孩子呱呱坠地算起，已经过去十八年了。

“骨头”怎么读

“骨头”里的“骨”容易读错。“骨头”应读为 gǔtou。

在 1963 年公布的《普通话异读词三次审音总表初稿》中，“骨头”读 gútou，这是北京土音。1985 年公布的《普通话异读词审音表》对这一规范进行了调整，规定“骨”只有两读，一个是 gǔ，一个是 gū。此后词典都采用了这两个读音。

“骨”读 gǔ 的机会比较多，例如在“骨干”“骨骼”“骨气”“骨肉”“骨头”等词语中要读 gǔ。

读 gū 的机会比较少，在现代汉语中，常见的只有三个词里用到 gū，这就是“骨朵儿”“骨碌”“骨碌碌”。在这三个词里，“骨”都要读 gū。例如：

（1）花儿还没开呢，全是花骨朵儿（gūduor）。

（2）一听见哨子响，他就一骨碌（gūlu）爬起来。

（3）他的眼珠骨碌碌（gūlūlū）地转来转去。

小贴士

“骨”有三种比喻性的用法。第一种是用于人，比喻人有某种品质，例如“骨气”“媚骨”；第二种是用于物，比喻起支撑作用的架子，例如“伞骨”“龙骨”（船等的支持结构）；第三种是用于诗文，指雄浑有力，例如“风骨”“骨力”。

“冠心病”“花冠”怎么读

“冠”有两个读音，一个是 guān，一个是 guàn。

读 guān 时，意思是“帽子”，例如以下词语中的“冠”都读 guān：

皇冠　桂冠　衣冠　免冠　王冠　怒发冲冠

如果词语的意思是说“形状像帽子的东西”，这时“冠”也要读 guān。例如在“花冠”“鸡冠”“鸡冠花”“树冠”中都读 guān。“冠状动脉”是指环绕心脏表面的形状像王冠的动脉，“冠心病”是指冠状动脉的疾病，这两个词中的“冠”都要读 guān。

读 guàn 时有这样几个意思：

第一，表示“戴（帽子）”，是动词。例如成语“沐猴而冠”中的“冠”要读 guàn，这种用法具有书面语色彩，一般用于文言句式或词语中。

第二，表示“居于第一位”或“排在第一”的意思，这时“冠”也是动词。例如：“勇冠三军”“位冠群臣”。这种用法也有书面语色彩。

第三，表示“冠军”或“第一名”的意思，是名词。例如“夺冠”“三连冠”“学习成绩为全班之冠”“经济效益为同行业之冠”中的“冠”都是这个意思，要读 guàn。假如将“夺冠”中的“冠”读成 guān，就成了“夺帽子”，显然是错误的。

第四，表示“前面加上（某种名号或称谓）”的意思，是动词。例如“冠名权”“冠以‘英雄’二字”“冠以顾问的头衔”“他反对在自己的名字前冠以‘著名学者’的称号”中的“冠”要读 guàn。

小贴士

古代的“冠（guān）”跟后来的帽子在形制和作用上完全不同。“冠”是一种装饰，用来束发，戴冠表示礼貌。帽子主要起保暖作用，也用来装饰。

“冠”在“新冠感染”中的读音

“新冠感染”中的“冠”是个多音字，有人读一声，有人读四声，怎样读才妥当？

“冠”有一声 guān 和四声 guàn 两种读法。表示古人头上戴的“冠”的意思时，读一声 guān。“冠状病毒”是指样子像冠的病毒，这个“冠”应读一声 guān。“新型冠状病毒”是指一种新的“冠状病毒”，其中的“冠”同样宜读一声 guān。“新型冠状病毒感染”简称“新冠感染”后，其中的“冠”自然也宜读一声 guān。“冠”读四声 guàn 则表示“第一位”，如“夺冠”，或者表示“居于第一位”，如“勇冠三军”。

H

“汗”在“可汗”中读 hán

“汗”读四声 hàn 时指人或动物身上出的汗。例如：

（1）他信以为真，急出了一身汗。

（2）小王累得汗流浃背。

但是，“汗”在“可汗”中要读二声 hán。“可汗”是古代鲜卑、突厥、回纥、蒙古等民族最高统治者的称号，意思是“王”。宋元以后，汉文史籍中多将“可汗”简称为“汗”。例如：

（3）昨夜见军帖，可汗大点兵。（《木兰诗》）

（4）至吐门，遂强大，更号可汗，犹单于也。（《新唐书·突厥传上》）

（5）一代天骄成吉思汗，只识弯弓射大雕。（毛泽东《沁园春·雪》）

宜注意，“可汗”的“可”读四声 kè，不读三声 kě。

“和”字读 hàn 的问题

台湾地区有人把“和”读成 hàn，例如把“我和你”说得好像“我汗你”。于是有人问：“和”有 hàn 的读音吗?

1932 年出版的《国音常用字汇》中，“和”字做连词时有 hàn 的读法。1937 年出版的《国语辞典》中，“和”做连词时，除了有 hé 的读法外，还有 hàn 的读法，并注明这种读法是“北京语音”，是“和”在北京话中做“连词，用同及、与”时的一种读法。

1957 年 10 月和 1959 年 7 月，普通话审音委员会先后发表了《普通话异读词审音表初稿》正、续两编。1962 年 12 月，又发表了《普通话异读词审音表初稿》第三编。为了便于检查参考，普通话审音委员会把三次发表的《普通话异读词审音表初稿》辑录在一起，题为《普通话异读词三次审音总表初稿》，由文字改革出版社（现为语文出版社）于 1963 年 10 月出版。在《普通话异读词三次审音总表初稿》中，“和”字没有 hàn 的读音。1982 年 6 月重建的普通话审音委员会，对《普通话异读词三次审音总表初稿》进行了修订。修订稿经国家语委、国家教委和广播电视部审核通过后，于 1985 年 12 月以《普通话异读词审音表》的名称予以公布。在《普通话异读词审音表》中，“和”字仍没有 hàn 的读音。

普通话语音专家徐世荣先生在《普通话异读词审音表释例》中提到了上述情况，他指出“和”字的 hàn 等音“皆偏于北京土音、土语，今审定不取”。故而现在中国大陆的工具书中，“和”字一般都没有 hàn 的读音。

不过，在描写北京方言的词典中，可以看到“和”字

hàn 的读音。例如《北京方言词典》《新编北京方言词典》中，连词“和”都有 hàn 的读音。其中，《北京方言词典》对连词“和”有 hàn 的读音解释说：“现在已不大活用，使用范围只限于〔什么和什么〕〔哪儿和哪儿〕〔谁和谁〕等词组中。”

台湾地区的工具书沿袭了 20 世纪 30 年代连词“和”hàn 的读音。例如《国语日报辞典》《最新实用字典》《彩色辞海》中，连词“和”都有 hàn 的读音。因此，我们看电视时，有时会听到台湾地区把连词“和”读成 hàn。不过，台湾地区有的工具书，例如《国语活用辞典》中，连词“和”的读音跟大陆一致，其中并无 hàn 的读音。

“荷”有几种读音

“荷”字有两个读音，一个是二声 hé，一个是四声 hè。

“荷”表示生在水中的草本植物“莲”的意思时，读二声。例如在“荷花”“荷塘”“荷叶”中读二声。在生活中常说的“荷包”“荷包蛋”中也读二声。

“荷”出现在某些词语中充当音译成分时，也要读二声。例如在“荷兰”“荷兰豆”“荷尔蒙”“荷兰牛”“荷马史诗”“荷马时代”中读二声。

“荷”读四声的时候有这么几个意思：

一、表示背（bēi）或扛。例如“荷锄”是说扛着锄头，“荷枪实弹”是说扛着枪，并且子弹上了膛。

二、表示承担或担负。做动词。例如“荷重”“负荷”“荷天下之重任”中的“荷”都是“承担”的意思，都要读 hè。

三、表示承受的压力或者担当的责任。做名词。例如“肩负重荷”是说肩上承担着重任，其中的“荷”要读 hè。

四、表示承受恩惠，多用于书信。例如书信中有时采用“……为荷”的说法。这里的“荷”表承受，也就是“承受恩惠”的意思。是说对方做的事情是对自己的恩惠，是表示感谢的客气话。这里的“荷”要读成 hè。

五、指电荷。例如“正荷”“负荷”中的“荷”都是电荷的意思，要读四声。

小贴士

“菏”字读二声 hé，是地名用字。山东省西南部的“菏泽”中的“菏”要读二声，应注意“菏”不要错写成“荷”。

“哼”的两个读音

“哼”有两个读音，一个是 hng，另一个是一声 hēng。

读 hng 时是叹词，有两个意思。一个意思是“不满”“鄙视”“愤慨”。例如：

（1）哼，这么干可不行！（不满）

（2）哼，这是鬼子的下三烂手段！（鄙视）

（3）哼，这是破坏社会秩序的丑恶行为！（愤慨）

“哼（hng）”是个叹词，汉语中的叹词总是独立使用的，也就是说，不能附着在句末。这是应当注意的。

有人问：“普通话的音节都有元音，hng这个音节怎么没有元音啊？”这个音节的确没有元音，这是一种特殊情况，是为了准确表示特别的语气而设置的音节。除了hng，还有m、n、ng等几个音节，也没有元音。

“哼”的另一个读音是一声hēng，这时“哼”是动词。读hēng时，有以下几个意思：

一是表示鼻子发出的声音。例如：

（4）他哼了一声，没说什么。

（5）老周哼了几声，走了出去。

二是表示呻吟。例如：

（6）他咬紧牙，一声也没哼，手术终于做完了。

（7）腿在桌边碰了一下，疼得他直哼哼（hēngheng）。

三是表示低唱或吟咏。例如：

（8）老孙哼着一首老歌。（低唱）

（9）高兴的时候，他喜欢哼一首古诗。（吟咏）

“横”在“横加”跟“横财”中读音不同

“横”常见的读音有二声héng和四声hèng两种。

“横”读二声héng时表下面几种意思：

一、表“横向”。例如：

（1）这个庙里的横梁是明代的。

（2）学生们举着一条横幅，上面写着：“欢迎吴老师讲学”。

（3）运动员们开始乘帆船横渡海峡。

（4）平安大道横贯北京城东西。

（5）这是一本简化字的横排本古籍。

（6）请代表们站成两排横队，照个相。

（7）岩芯横剖面可了解地下的情况。

（8）路的尽头画了两条横线。

上面例子中（1）（2）的“横”指“跟地面平行”，（3）（4）的“横”指“东西方向”，（5）（6）的“横”指“左右方向”，（7）（8）的“横”指“跟长的一边垂直的”。

二、做动词，表示“把物体横过来”。例如：

（9）把床横过来放。

（10）春潮带雨晚来急，野渡无人舟自横。

三、形容杂乱。例如：

（11）沧海横流，方显英雄本色。

（12）野草横生，园子荒芜了。

四、表“粗暴”。例如：

（13）决不允许黑社会横行。

（14）他们竟然对此毫无道理地横加指责。

“横”读四声 hèng 时，有两个意思：

一、表“粗暴”。例如：

（15）你怎么这么横啊？先听别人说。

（16）对个别人的横暴的行为，必须坚决制止。

从上面的例子可以看出，表示“粗暴”义时，有的“横”读二声 héng，有的“横”读四声 hèng。区别在哪里呢？

区别在于，书面语色彩的词语多读二声 héng，而口语色彩的词语多读四声 hèng。故而成语中表“粗暴”义的“横”多读二声 héng。例如“横加干涉、横行不法、横行天下、横行无忌、横征暴敛”中的“横”读二声 héng，而“这人说话真横”中的“横”读四声 hèng。也就是说，“横”表“粗暴”义时的两种读音，可以理解成“文白异读”。

二、表“意外的”。例如：

（17）他老想发笔横财。

（18）两人碰上了意外横祸。

（19）自己小心谨慎，就可避免横灾飞祸。

“哄”在“一哄而起”中的读音

“哄”有三种读音：一声 hōng、三声 hǒng、四声 hòng。

读一声 hōng 的时候表示“许多人同时发出声音”或“许多人同时发出的声音”。例如：

（1）他讲的笑话引起大家哄堂大笑。

（2）别听哄传猪肉要涨价，其实肉价很平稳。

（3）教室里传来阵阵哄笑。

（4）他刚说了两句，听众“哄”地笑了起来。

（5）老王的这句话让大伙儿“哄”的一声笑起来。

上面例子中（1）至（3）中的“哄”表示“许多人同时发出声音”，是动词，（4）（5）中的“哄”表示“许多人同时发出的声音”，是拟声词。

“哄”读三声 hǒng 的时候表示“用话骗人”或“逗人高兴”。例如：

（6）你可别哄我，说话要算数。

（7）他哄我好几次了，我不信他的话。

（8）赶快哄哄你媳妇吧。

（9）这是哄孩子的玩具。

上面例子中（6）（7）中的“哄”是“用话骗人”的意思，（8）（9）中的“哄”是“逗人高兴”的意思。

“哄”读四声 hòng 的时候，表示“吵闹”。例如：

（10）这事不能一哄而起，要从实际出发来研究。

（11）政客又在骗人，听众一哄而散。

（12）刘老师对学生们说：“你们别起哄，听他慢慢说。”

有的时候，用“哄”（hòng）所表示的“吵闹”不是“闹事”，而是指一些人同时发声来开玩笑，如（12）。

“红（hóng）”在“女红”中读 gōng

“女红”指旧时代妇女的纺织、缝纫、刺绣等工作。

例如：

（1）（平氏）从小学得一手好针线，思量要到个大户人家教习女红度日，再作区处。（《古今小说·蒋兴哥重会珍珠衫》）

（2）念奴前身业重，绑十指筝弦箫孔；慵线懒针，几曾解女红。（清代孔尚任《桃花扇·栖真》）

（3）丽嘉早已习惯得很会玩，女红的事，她生来便不屑于作。（丁玲《韦护》第一章）

“女红”的“红”通“工”，指女子的纺织等工作，故工具书均注音为gōng。《汉书·郦食其传》中说：“农夫释耒，红女下机。”唐代学者颜师古注解说：“红，读曰工。”把“女红”的“红”读成hóng，是一种误读。

“划”在“划出一道美丽的弧线”中怎么读

有这样一个句子：“（某种鸟从空中飞过或某种野兽腾空一跃）划出一道美丽的弧线。”其中的“划”该怎么读呢？

“划”读huá的时候，有三个意思。一是表示“拨水前进”。例如：

（1）他游泳的时候，双臂飞快地划水。

（2）今天是星期日，我们去北海划船。

（3）这条赛艇按规定是两人划桨。

二是表示“合算”。例如：

（4）同样是种植蔬菜，反季节种菜比较划得来。

（5）他发现，在这个城市租房比买房划算。

（6）我划不着为这点小事去找经理。

三是表示“在物体上擦过去或者割过去”。例如：

（7）小姑娘又划着了一根火柴。

（8）玻璃刀在玻璃板上划出一道清晰的印儿。

（9）他拔草的时候，被野草划破了手指。

“划”读huà的时候，意思相对抽象，表示“划分”“划拨”“筹划”。例如：

（10）这是一个划时代的事件。

（11）这笔经费已经划给山区的希望小学了。

（12）你们自己筹划吧，就不用县里出谋划策了。

从以上用例可以看出，“（在空中）划出一道美丽的弧线”中的“划”比较符合读huá时的第三个意思。也就是说，这句话里的“划”应该读huá。

这个句子也有人说成“在空中画出一道美丽的弧线”。“画出……弧线”的说法也很自然。

两种说法比较起来，用“划”时，是一种比喻性的说法，是说像在天空擦过一样；用“画”的说法则比较直白。

应当注意，采用比喻性的“划（huá）”的时候，造成的线段的痕迹大多是比较直的，或者是弧形的，这样才跟“划”的动作相吻合。

另外，表示“用东西在物体上做出线段、符号或标记”的意思，要用“画”，不能用“划”。例如：

（13）他用小刀在树皮上画个圆圈做记号。

（14）侦察员用石头在墙上画了个三角。

“划”虽然也有这个意思，但《现代汉语词典》等工具书认为在这个义项上“同‘画’”。这表明，《现代汉语词典》等工具书认为在这个义项上应当首选“画”而不是“划”。因此在表示这一意思时应该用“画”，不宜用“划”。

“划拳”“筹划”“计划”“谋划”“出谋划策”中的“划”不要写成“画”。

“华”在“华山”中读 huà，不读 huá

“华山”在陕西省华阴市南，是“五岳”之一。“华山”的“华”读四声 huà，不读二声 huá。华山脚下的华阴市的“华”也读四声 huà，不读二声 huá。华阴市西面华州区的“华”也读四声 huà，不读二声 huá。

福建漳州的华安、云南玉溪的华宁中的“华”则读二声 huá，不读四声 huà。也就是说，跟华山有关的华山附近的地名中的“华”读四声 huà，此外一般读二声 huá。

“华”做姓氏时，读四声 huà，不读二声 huá。例如“华佗”“华罗庚”中的“华”要读四声 huà。

音译的人名地名中的“华”读 huá。例如“华盛顿”“华尔街”中的“华”读二声 huá。

“晃”在“晃来晃去”中的读音

“晃”有两个读音，一个是三声 huǎng，另一个是四声 huàng。

读三声 huǎng 的时候，意思是“闪耀，闪过”。例如：

（1）这辆车擦得真干净，太阳底下都有点晃眼。

（2）他拿着手电筒在草地里晃来晃去找钥匙。

（3）坐在高速列车上，只见车窗外的景物一晃而过。

（4）其实这只是虚晃一枪，随后敌人就撤退了。

（5）时间过得真快啊，一晃十几年过去了。

读四声 huàng 的时候，意思是“摆动，闲逛”。例如：

（6）小刘摇头晃脑地吟诵唐诗。

（7）树枝在风中来回直晃。

（8）别老在街上晃来晃去，找点正经事儿干。

（9）他心情不好，在公园里晃了一天。

（10）上班时间就抓紧时间工作，别到处晃荡。

曹禺话剧《日出》第二幕中有这样一句台词：“在我眼前一晃，就不见了。”这里的“晃”是“闪过”的意思，应该读三声 huǎng。冰心《晚晴集·空巢》中说：“他老了，我们都老了，一晃就是三十多年呵！”其中的“晃”是“很快地闪过”的意思，也读三声 huǎng。

周而复的长篇小说《上海的早晨》里说：“梅佐贤伸出右手的大拇指在总经理面前晃了晃。”这里的“晃”是“摇动”的意思，应当读四声 huàng。茹志鹃的小说《百合花》里说：“我实在没力气赶了，索性一个人在后面慢慢晃。”这里的“晃”含有“摇晃”或“闲逛”的意思，结合句意可以理解成“慢慢走”，其中的“晃”宜读四声 huàng。

“会”“桧”“刽”的读音

“会”大多数情况下读 huì，例如在“开会”“会开车”中读 huì。有时读 kuài。常见的是在“会计”“会计师”“财会（财务和会计）”中读 kuài。“会计”中“会（kuài）”的意思是“总计，合计”。

浙江有个很有名的山，叫会稽山。“会稽山”的“会”也读 kuài，不读 huì。相传大禹在这里大会诸侯，计功封爵，将这座山命名为“会稽山”。大禹死后，埋葬在会稽山。春秋时，越王勾践被吴国打败后，退居于此。

“桧（guì）”是一种树的名字，这种树四季常青，也叫“圆柏”。“桧”如果用于人名，读 huì。例如南宋害死抗金名将岳飞的奸臣叫“秦桧（huì）”。秦桧的塑像至今跪在杭州岳飞墓前，这个被百姓世代唾骂的坏蛋的名字用了“桧”，因此南宋之后，几乎没有人再用“桧”做名字了。

“刽（guì）”常用于“刽子手”一词。“刽”是“砍断”的意思，“刽子手”是旧时代执行斩首的人，后来也用来比喻镇压革命、屠杀人民的人。“刽子手”中的“刽”读 guì。“刽”过去曾有 kuài 的读音，但是现在不这么读了。

“诲”只读 huì，不读 huǐ

“诲”常有人读 huǐ，其实，这个字只读四声 huì，不读三声 huǐ。例如：

（1）小李牢记小学老师的教诲，坚持不懈地努力学习，终于考上了理想的大学。

（2）这位老师多年来一直诲人不倦。

（3）许多毕业生至今仍清楚地记得王校长在毕业典礼上的训诲。

（4）诲淫诲盗的书必须严格禁止。

“混”读 hùn、hún，读 hún 时宜写成“浑”

“混”读四声 hùn，常见的用法有：

一、把不同的事物掺杂在一起。例如：

（1）两种西红柿混在一块儿，不容易看出来。

（2）这是两码事，不能混为一谈。

二、蒙混（进去）。例如：

（3）不允许陌生人混进会场。

（4）这种鱼目混珠的做法，已被人唾弃。

三、得过且过地生活。例如：

（5）要珍惜时间，努力学习，不能瞎混日子。

（6）他在这个领域混了大半辈子，很难改行了。

四、跟他人交往、接触。例如：

（7）没几天，他俩就混熟了。

（8）如今他跟村里人混得很熟。

“混”还有二声 hún 的读音。不过，“混”读成二声 hún 的时候，现在一般写成“浑”，常见用法有两种：

一、浑浊。例如：

（9）河水这么浑，不能游泳。

（10）这些政客休想浑水摸鱼。

二、不明事理。例如：

（11）别理这个浑球儿。

（12）这样的浑蛋，人们都讨厌。

从遵循规范写法来说，“混”读二声 hún 时，我们宜写成“浑”。不过，当看到别人把读二声 hún 的“混”仍写成“混”，例如写成“混蛋”“混球儿”等时，也不宜将其视为“硬伤”。

“混天绫”中“混”的读法

有人问“哪吒闹海”中，哪吒手持的“混天绫”的“混”读第几声。

在《汉语大词典》中有“混天星”一词，其中的“混”，该词典认为读四声 hùn。“混天星”是指“天上捣乱的星宿”。也就是说，“混天”是指扰乱天庭的意思。

元代郑光祖《倩女离魂》第一折中说：“他是掣风涛混海鲸鳌。”《汉语大字典》解释“混”字时举了这个例句，这里的“混”字《汉语大字典》认为读四声 hùn。“混海鲸鳌”的意思是“扰乱大海的鲸鳌”。

“混天绫”中的“混”跟“混天星”“混海鲸鳌”中的“混”意思相同，也是“扰乱”的意思，因此，宜读成四声 hùn。

“和泥”“和稀泥”中“和”的读音

“和”读 huó 的时候，指在粉状物中加液体搅拌或揉弄，使之团在一起，有黏性。例如：

（1）他和面，我洗菜，你去买肉。

（2）你们把砖都搬过来，再去打一桶水和泥。

（3）双休日老张打算和点儿水泥把院子西面的墙抹平。

（4）冬天快到了，咱们明天和些石灰把墙缝堵严。

读 huò 的时候有下面几个意思：

一、指把粉状或颗粒状物掺和在一起。例如：

（5）在豆沙里和点儿糖，馅儿就好吃了。

（6）把水泥、沙子、石子和在一起用吧。

（7）这个碗里的绿豆是新的，那个碗里的绿豆是去年的，别和在一块儿。

（8）那时候，他们常把大米跟小米和在一起蒸米饭。

二、指加水搅拌使变稀。例如：

（9）可以用白开水，也可以用香油来和芝麻酱。

（10）给面糊里添些水，再和稀点儿，就可以摊煎饼了。

（11）杯子里的蜂蜜太稠，加点开水，和稀一些。

三、做量词，用于洗东西换水的次数或者一服中药煎的次数，相当于“次”“遍”。这种说法在北京话里比较多见。例如：

（12）菜多洗两和，有益于防辐射。

（13）这件衣服刚洗了一和，还要再洗。

“和泥”是指加水揉弄使得泥有黏性，其中的“和”读二声 huó；“和稀泥”是指加水搅拌变稀，其中的“和”读四声 huò，“和稀泥”常用来比喻无原则地调和、折中，其目的是冲淡或者掩盖矛盾。

J

“几”在“几乎”中读一声 jī

“几”有两种读音，一种是三声 jǐ，另一种是一声 jī。

“几”读三声 jǐ 时常用来表示对数目的疑问或表示概数。例如：

（1）屋里一共有几个人？

（2）一共有几位同志参加这次行动？

（3）几个人过去一看，楼房好好的，没有发生垮塌事故。

（4）几天不吃饭，还不饿得快不行了。

（5）祥子给老车夫买了几个包子。

此外，在译音的名称中“几”也读三声 jǐ。例如：

（6）他去过几内亚。

“几”读一声 jī 时常见用法有两种：

一、矮小的桌子。例如：

（7）屋里窗明几净，十分安静。

（8）桌旁摆着一个茶几。

二、表“接近”。例如：

（9）人数很多，几达千人。

（10）柔肠几断，珠泪交流。（《红楼梦》）

（11）我几乎把这事儿忘了。

（12）两口子闻听这个消息，几近崩溃。

应当注意的是，表“接近”的“几”容易误读为三声 jǐ。特别是“几乎”，是个常用词，其中的“几”要读一声 jī。

“奇数”的“奇”读 jī，不读 qí

“奇”有 qí、jī 两种读音。

“奇”读二声 qí 时，表示：

一、特殊，不平常。例如：

（1）这事儿真有点儿稀奇，以前没见过。

（2）他发现了一些奇形怪状的石头。

二、意料不到的。例如：

（3）遇到这种情况，只有出奇兵才有可能获胜。

（4）这个故事里讲了一个孩子在大森林里的奇遇。

三、惊异。例如：

（5）我也觉得这事儿有点儿奇怪。

四、非常。例如：

（6）那时，部队粮食奇缺，他想了许多办法。

“奇”读一声 jī 时，表示单数的，不成对的。例如：

（7）请挑出下面数字中的奇数。

“奇零”指整数之外的零头，其中的“奇”读 jī。例如：

（8）奇零的钱，就不要了。

把“奇数”“奇零”中的“奇”读成 qí 是一种误读。

“藉”在“狼藉”“慰藉”中的不同读音

“藉”有两个读音，一个是 jí，另一个是 jiè。

“藉”读 jí 时有“杂乱”的意思。如“狼藉”指“乱七八糟”或“杂乱不堪”。

“藉”读 jiè 时，有“铺垫”或“垫子”的意思，在“慰藉”“蕴藉”中要读 jiè。“慰藉”是“安慰”的意思，“蕴藉”是“含蓄”的意思。例如：

（1）得到这个消息，老王心中颇感慰藉。

（2）这首唐代绝句诗句蕴藉，值得品味。

应当注意，表示“凭借”的意思时，要写“借”，不宜写“藉”。此时这两个字是繁简关系。例如“他借此机会发表了自己的感想”不宜写成“他藉此机会发表了自己的感想”。

还应注意“慰藉”“蕴藉”中的“藉”不宜误写成“籍”。

“济”在“济南”“济州岛”中的读音

“济”有三声 jǐ 和四声 jì 两种读音。

“济（jǐ）水”是古代一条河的名字。济水发源于河南，经山东流入渤海。河南的济源市，山东的济南市、济宁市、济阳县（今为济南市济阳区），都因济水得名。因此这些地名中的“济”都要读三声jǐ。

“济”为动词义时，读四声jì，主要有三个意思：

一、表“渡”（江河）。如“同舟共济”。

二、表“救助”。如“济贫”“接济”“扶危济困”“缓不济急”。

三、表“有益”。如“假公济私”“无济于事”。

“济济”是形容人多且阵容强大的样子。其中的“济”读三声jǐ。因此“济济一堂”“名师济济”“人才济济”中的“济济”都读jǐjǐ。

“济”用于音译词时，要读四声jì。例如在“济尔哈朗”（清太祖之侄）、“济慈”（英国诗人）、“斐济”（太平洋上的岛国）中读jì。“济州岛”是韩国第一大岛，“济州海峡”是韩国西南端跟济州岛之间的水域，这两个词语中的“济”都宜读四声jì。

在《辞海》第7版中，“济州岛”“济州海峡”的“济”读四声jì。

“脊梁”中的“脊”读jǐ，不读jí

“脊”读jǐ，例如：

（1）老汉脊背（jǐbèi）上背着一个孩子。

（2）他们是抗日战争中的脊梁（jǐliáng）啊。

（3）在这次事故中，他的脊柱（jǐzhù）骨折了，仍在治疗。

从上面的例子可以看出，“脊”只读三声 jǐ，不读二声 jí。读二声的人，是受了旧标准的影响，在 1963 年的《普通话异读词三次审音总表初稿》中，“脊梁”的“脊”被规定为读二声 jí。在 1985 年公布的《普通话异读词审音表》中，“脊”被规定为“统读”三声 jǐ，现在的工具书都据此将“脊梁”的“脊”注为三声 jǐ。

“脊梁”一词，在《现代汉语词典》中，读成 jǐliáng。

“绩”读四声还是读一声

某材料给“绩”的注音是一声，而字典上只有四声。一位老师问，这是怎么回事。

在 1963 年的《普通话异读词三次审音总表初稿》中，“绩”字被认定为“一律念阴平”，也就是统读一声。1985 年 12 月公布的《普通话异读词审音表》根据普通话口语中的实际读音，对此做了调整，规定“绩”字“统读”为四声 jì。此后的工具书都据此对“绩”的读音做了调整。因此，“绩”字现在的规范读音是四声 jì。如“成绩”中的“绩”读四声 jì。

“夹”在“夹击”“夹衣”中的不同读音

“夹”有一声 jiā 和二声 jiá 两种读音。

“夹”读一声 jiā 时，主要有以下几个意思：

一、表从两侧同时用力。例如：

（1）小孙用筷子夹起一块豆腐。

（2）他们打算从公路两侧夹击鬼子。

（3）他胳膊底下夹着个文件袋。

二、表处于两者之间。例如：

（4）两山夹着一条河，河水流得很急。

（5）一本书里夹着个书签。

三、表掺杂、混杂。例如：

（6）听说今天有雨夹雪，早点儿回来。

（7）人群中夹杂着几个小贩。

四、表夹子。例如：

（8）我的文件夹放哪儿了？

另外，“夹”在音译词中读一声 jiā。例如：

（9）这件夹克挺贵的。

“夹”表示“双层的衣被”时，要读二声 jiá。例如：

（10）秋天到了，老王换上了夹衣。

（11）夏天，老孙午睡时常盖着夹被。

（12）这是刚买的一件夹袄。

“夹层”指中间有空隙的双层，例如“夹层墙”“夹层玻璃”。其中的“夹”读一声 jiā。

从上面的例子可以看出，“夹”只有在表示“双层的衣被”时，才读二声 jiá。

“戛”在“戛然而止”中的读音

“戛”读 jiá，常用于“戛然”“戛然而止”。例如：

（1）几只仙鹤戛然长鸣。

（2）他正说着，忽然戛然而止。

（3）发现新情况后，他们的行动戛然而止。

例（1）中的“戛然”形容响亮的鸟叫声。（2）（3）中的“戛然而止”形容声音或事情等突然中止。

“戛”不读 gā。“嘎”读 gā。例如：

（4）鸭子嘎嘎（gāgā）地叫着。

（5）嘎巴（gābā）一声，一根树枝被刮断了。

近些年来，人们一般把法国南部城市“戛纳”的“戛”读为 gā。戛纳电影节每年 5 月举办一次，是有影响力的电影节之一，因此“戛纳”时或见于新闻报道。为了反映这一实际的读音情况，《现代汉语词典》给“戛”增加了 gā 的读音，并说明用于法国地名“戛纳”。

“间”在“间断”“反间计”中的读音

“间”有两种读音，一种是一声 jiān，另一种是四声 jiàn。

“间”读一声 jiān 的时候有这样几个意思：一、表示两段时间或者两种事物的中间。例如“课间”“朋友之间”“同志之间”“两山之间”。二、指某个时间或空间。例如“瞬间”“晚间”“说话间”“民间”“乡间”“田间”。三、指“屋子”。例如“操作间”“储藏间”“洗手间”。四、做量词，用于屋子。例如“一间卧室”“三间房”。

“间”读四声 jiàn 的时候，有下面几个意思：一、表“空隙”。例如“间隙”“亲密无间”。二、表“隔开”。例如“间隔”“间断”“间歇”“黑白相间”。三、表“挑拨使不和”。例如“离间”“反间计”。四、表“除去（多余的）”。例如“间苗”“间梨树花”。

从上面的比较可以看出，读一声 jiān 的时候，多表示一定的时间或空间；读四声 jiàn 的时候，多表示“空隙”“隔开”一类意思。

“当间儿（dāngjiànr）”一词指“中间”，即位于中央的一块地方。例如：“堂屋当间儿放着一张桌子”“广场当间儿是做花坛的”。这是口语中常说的词，一般说成儿化词。特别要注意的是，其中的“间”读四声 jiàn。

小贴士

在港澳特区等地，“间（jiān）”做量词时，还用于店铺、工厂、学校、公司、医院等。例如“开了一间小店”“一间学校的门口”“这间医院离地铁站很近”。

“监利”的“监”怎么读？

一位播音员在播报长江的湖北监利段发生沉船事故的新闻时，把“监利”的“监”读成四声 jiàn。有人查阅《辞海》第 7 版，发现“监利”的“监”读一声 jiān。而《现代汉语词典》中给“监利”的“监”的注音是四声 jiàn。“监利”的“监”究竟应该怎么读？

1957 年 10 月、1959 年 7 月和 1962 年 12 月，普通话审音委员会先后发表了《普通话异读词审音表初稿和本国地名审音表初稿》《普通话异读词审音表初稿（续）》及《普通话异读词审音表初稿》第三编。在 1957 年和 1962 年审定的读音中，有若干地名读音。其中，在 1962 年审定的地名读音中，有“监利”的读音。其中的“监”读四声 jiàn。

《现代汉语词典》中有“监利”一词，读音是 jiànlì，并解释说：“地名，在湖北。”《现代汉语词典》的这一注音，正是依循了 1962 年审定的“监利”的读音。播音员把“监利”的“监”读为四声，跟《现代汉语词典》中“监利”的注音相一致，是正确的。《辞海》对此宜做调整。

“监”读四声 jiàn 时，还用作古代官府名或官名。例如，钦天监是古代掌管观察天象、推算节气历法的机构。秘书监是我国封建社会中央政府设置的专掌国家藏书与编校工作的机构和官名，存续时间长达 1500 余年。中书监是官名，三国时魏国始置，与中书令职务相等而位次略高，实际上掌管机要。国子监是古代国家最高学府和教育管理机构，监生指国子监生员即学生。

“酵母”“发酵”中的“酵”读 jiào

“酵”字只读 jiào，不读 xiào。因此在“酵母”“发酵”等词语中均读 jiào。

口语中有人读 xiào，是误读。不过，过去“酵”的确有 xiào 的读音。例如 20 世纪 20 年代的《国音白话学生词典》中“酵”除了读 jiào 外，“今亦读 xiào”。30 年代的《国音常用字汇》中，也说“酵”，“又读”xiào。1963 年公布的《普通话异读词三次审音总表初稿》中，“酵”字的读音定为 jiào。社会上有的人根据“酵”字右偏旁是“孝”，将“酵”读成 xiào。《普通话异读词审音表》(1985 年) 规定，“酵”统读 jiào，现在的工具书都遵循这一做法。因此我们宜将“酵”读成 jiào。

“结”的两种读音

“结”有两个读音，一个是 jiē，一个是 jié。许多人常常搞错。例如，“结婚”“结合”“张灯结彩”等词语中的“结”，有人读错为 jiē。

《普通话异读词审音表》中规定：“结”除了在“结了个果子”“开花结果”“结巴”“结实”中读 jiē 外，其他的情况都读 jié。

所以，只要记住“结”在这几个词语中的读音，就能正确掌握“结”的两种读音了。据此，我们能够很容易地判定，前面提到的“结婚、结合、张灯结彩”中的“结”应读为 jié。

小贴士

“结合”跟“接合”不同。“结合”可用于人，也可用于物，用于人时特指结为夫妻；“接合”一般用于物，多用于道路、绳索等条状物。“结合”指相互融合，最终结为一个整体；“接合”的各部分是各自独立的，只是接触的部分连在一起。“结合”可以带宾语，例如“理论研究要结合实际”；“接合”不能带宾语。

“解”在“解甲归田”“解州”中的读音

“解”有三个读音，即 jiě、jiè、xiè。

“解”读 jiě 较多见，常见意思有：一、剖开，分开。如“解剖”“瓦解”“难解难分”。二、把扣或结打开。如“解扣儿”“解鞋带儿”“慷慨解囊”。三、消除，排除。如“解冻”“解密”“解聘”。四、分析，说明。如“解释”“解说”“解读”。五、懂得，明白。如“理解”“了解”“大惑不解”。

应当注意，“解甲归田”是说脱掉铠甲，回家种田，其中的“解”读 jiě 不读 xiè。“解职”是说解除职务，其中的“解”读 jiě。另有“卸职”一词，其中的“卸”读 xiè。

“解”读 jiè 时常见的意思是押送。“解差”“解送”“解押”“押解进京”中的“解”读四声 jiè。“解元”中的“解”读 jiè。明清两代在省城举行乡试，考中的称“举人”，举人第一名称“解元”。

“解”读 xiè 时，主要有三个意思：

一个是表示懂得，明白。例如：

（1）他掰开揉碎地讲，学生们才解开其中的含意。

（2）你只要多想想就解得开这个道理。

第二个是武术的套路，也特指马术表演的技艺，如“跑马卖解”。“解数”中的“解”读 xiè 不读 jiě，本指武术套路，现在多泛指手段、本领。例如：

（3）他们使出了浑身解数，也没摆脱自己的困境。

（4）他解数用尽，也没攻克这个难关。

第三个是用于地名和姓氏。古地名有“大解（xiè）”“小解（xiè）”，两地均在河南洛阳。解（xiè）州镇在山西运城，“解池”是湖名，也称“运城盐池”，在山西运城市南。解（xiè）缙是明代江西人，曾主持纂修《永乐大典》。

“禁”在“不禁”中读 jīn，不读 jìn

“禁”有四声 jìn 和一声 jīn 两种读音。

“禁”读四声 jìn 时，表示“禁止”等意思：

一、表“禁止”。例如：

（1）禁止携带易燃易爆物上车。

二、表“关押”。例如：

（2）他被软禁在城西的家中。

三、表法令或风俗不允许的事。例如：

（3）这种做法是违禁的。

（4）这么做可就犯禁了。

四、过去对皇宫的称谓。例如：

（5）生活在宫禁之地的宫女让人同情。

“禁”读一声 jīn 时，有两个意思：

一、表“承受”“承受得住”。例如：

（6）我不是弱不禁风的小姐，让我去吧。

（7）谁也禁不住这么折腾。

（8）深色衣服禁脏。

二、表“忍住”。例如：

（9）吹来一阵风，她禁不住打了个寒噤。

（10）小刘情不自禁地笑了起来。

上面例子中的（7）跟（9）中都有“禁不住”，其中的“禁”都读一声 jīn，但意思不同，前者表“承受”，后者表“忍住”。

“不禁”是“忍不住”的意思，其中的“禁”要读一声 jīn。例如：

（11）他高兴得不禁鼓起掌来。

（12）听了小李的话，老王不禁笑了起来。

“尽”在“尽量”中的读音

“尽”有三声、四声两种读音。

“尽”读三声 jǐn，表“力求达到最大限度”的意思时，容易跟表“全部使出或用出”意思的“尽”（jìn）发生混淆，因而影响了读音的准确性。

“尽”读三声 jǐn，表示“力求达到最大限度”，也即表示“争取最大可能”。例如：

（1）明天的路很远，我们还是尽早出发吧。

（2）他尽着平生的力气往外一推。

（3）在做这项群众工作的时候，我们应当尽可能地减少差错。

（4）要尽快修好这条公路，以便让村里的山货早日运出去。

“尽”读四声 jìn，表示“全部使出或用出”，也表示“竭力做到”。例如：

（5）这件事儿虽然没办成，但是他已经尽心了。

（6）战士们尽全力搜救废墟里的幸存者。

（7）我很想回到母亲身边尽自己的一份孝心。

（8）这些教师都尽职尽责地做好自己的工作。

“尽量”的“尽”读三声 jǐn 时，表示“力求达到最大限度”。例如：

（9）这两天我尽量抽时间去医院看望他。

（10）这篇文章的语言有点拖泥带水，叙述的话语应该尽量简明一些。

（11）他表示，这件事一定尽量办好。

“尽量”的“尽”读四声 jìn 时，表示“达到最大限度”或“达到极限”。例如：

（12）饭要吃饱，酒不要尽量。

不过，在目前的社会语文生活中，“尽（jǐn）量”使用较多，“尽（jìn）量”使用甚少。

“劲”在“强劲”中怎么读

“强劲”的“劲”常有人读 jìn，这是误读。

“劲”读 jìn 时，表“力气”等意思，是名词性的。例如“跑了一整天，现在浑身没劲了”中的“劲”读 jìn。“强劲”是“强有力”的意思，其中的“劲”是形容词性的，意思是“坚强有力”，应当读 jìng。

除了“强劲”中的“劲”读 jìng 外，“劲”在其他词语中，只要是形容词性的，表示“坚强有力”这个意思，就要读 jìng。例如，在下列词语中，都要读 jìng：

劲拔　劲敌　劲旅　劲松　刚劲　疾风知劲草

应当注意将名词性“劲”的读法和形容词性“劲”的读法分开，尤其不要将形容词性的“劲”误读为 jìn。

“颈椎”的“颈”读 jǐng，不读 jìng

“颈”读三声 jǐng，指“脖子”或“器物像脖子的部位”。例如：

（1）长颈鹿能吃树上的叶子。

（2）治疗颈椎病需要耐心。

（3）这恐怕是问题的瓶颈。

口语中有人把“颈”读成四声 jìng，是一种误读。

“颈”一般读三声 jǐng，只是在“脖颈儿”一词中读 gěng。“脖颈儿”指脖子的后部。例如：

（4）他感觉脖颈儿有点儿发凉。

在北京话里，“脖颈儿”有时也说成“脖颈子”，这时“颈”仍读 gěng。例如：

（5）老王感觉脖颈子有些僵直，便动了动脖子。

"灸"读三声 jiǔ，不读一声 jiū

"针灸"的"灸"读三声 jiǔ，有人误读为一声 jiū。

"灸"是中医的一种疗法，指用燃烧的艾绒等熏烤人体的穴位或患部。"灸"是形声字，在金文中就出现了，"火"是形旁，"久"是声旁，在《广韵》中是上声字，在普通话中只读三声 jiǔ。例如：

（1）经过一段时间针灸，他的口脸歪斜完全好了。

（2）针灸是传统医学的瑰宝。

虽然在北京口语中，有人读一声，但我们还是应该按照《现代汉语词典》等工具书中的规范读音，将"灸"读成 jiǔ。

"咎由自取"中的"咎"读四声 jiù，不读一声 jiū

"咎（jiù）"常见的意思有两个：

一、过失，罪过。例如：

（1）你们应该引咎自责，不要推卸责任。

（2）这些人被抓，完全是咎由自取！

二、追究罪过，责备。例如：

（3）只要承认错误，我们可以既往不咎。

（4）不能让人感到动辄得咎，要有明确的政策界限。

“咎”只读四声 jiù，有人读一声 jiū，是误读。

“绢”读四声 juàn，不读一声 juān

“绢”指薄而坚韧的丝织品，例如：

（1）绢最初指写在绢上或画在绢上的字或画。

（2）用绢做的花儿是绢花。

（3）丝绢布可喷绘各种画面。

（4）手绢已经洗干净了。

例（1）至（4）中的“绢”都读四声 juàn，有人读一声 juān，是误读。

“角斗”的“角”怎么读

“角斗”应该读 juédòu。

《普通话异读词审音表》规定“角”的读音有两个：一个是 jiǎo，另一个是 jué。

“角”读 jiǎo 时，表示牛、羊等头上的硬东西，像“角”的东西，边沿等意思。例如：

（1）牛用牛角自卫。

（2）豆角焖面多少钱一碗？

（3）桌子角儿残缺了。

（4）借我量角器用用。

（5）吹响了鼓舞人心的号角。

（6）在天涯海角，也忘不了家乡。

“角”表示“角色”“演员”“竞赛”等意思时读 jué。例如：

（7）就是演配角，他也很认真。

（8）她是京戏名角儿，《锁麟囊》演得特别好。

（9）这场角斗看来不可避免了。

（10）最后一轮角逐只剩下两名选手了。

有人把“角斗”的“角”读成 jiǎo，是一种误读。

“倔”单说时读 juè，在“倔强”中读 jué

“倔”用来形容人的性情刚强而固执。单说的时候读四声 juè。例如：

（1）这人脾气特别倔，你去问他吧。

（2）他可真倔呀，谁劝都不行。

（3）他就是这倔脾气，一辈子改不了。

（4）这俩人倔到一块儿去了。

（5）老王比老葛还倔！

“倔强”的意思是“刚强不屈”。在双音词“倔强”中，“倔”要读二声 jué。例如：

（6）他十分倔强，坚持苦练，终于有所成就。

（7）虽然风大，他仍倔强地站在船头观察。

（8）此人性情倔强，往往听不进别人意见。

（9）小李性格倔强，从不服输。

（10）你这么倔强，真担心你以后碰壁。

应当注意，“倔强”的“强”要读 jiàng，不读 qiáng。

此外，口语中有时说“倔头倔脑”，常用来形容态度、言行生硬。“倔头倔脑”的口语色彩明显，其中的“倔”读四声 juè。例如：

（11）他倔头倔脑的，换个处事灵活的去吧。

“菌”的两种读音

“菌”常有人读错。根据《普通话异读词审音表》，“菌”字有两个读音，一个是 jūn，一个是 jùn。

表示“细菌”的意思时读 jūn。例如：

细菌　病菌　杆菌　无菌　菌肥（细菌肥料的简称）菌苗（用细菌培养的能使机体产生免疫力的疫苗）

表“真菌”时也读 jūn。例如：

真菌　酵母菌　青霉菌

但是，表示真菌中的伞菌科（种类很多，有的能食用，例如香菇）植物时，读 jùn。例如在“香菌”“菌子”“野山菌”中读 jùn。

“菌种”有两个意思，一个意思是“制造免疫菌苗的病原微生物”。这时，“菌”的意思是“细菌”，应当读 jūn。

“菌种”的另一个意思是指栽培蘑菇等所用种苗。这时，“菌”指伞菌科植物，应当读 jùn。

K

“卡”的两种读音

“卡”有两种读音，一种是三声 qiǎ，另一种是三声 kǎ。

“卡”读 qiǎ 时有动词和名词两种用法。做动词时表示“夹住”一类意思：

一、表夹住，不能活动。例如：

（1）枪膛被弹壳儿卡住了。

（2）鱼刺卡在嗓子眼儿了，得去医院。

二、表用虎口紧紧按住。例如：

（3）这个游击队员悄悄摸过去，猛然卡住敌人哨兵的脖子。

（4）歹徒的双手被勇敢的民警卡得死死的，动弹不得。

三、表控制或阻拦。例如：

（5）财务处对出国考察的支出，卡得很紧，这是很正确的。

（6）部队在这里设伏，卡住了鬼子的退路。

做名词则表示夹东西的器具或者检查站、岗哨。例如：

（7）这个发卡的颜色很漂亮。

（8）新买的衬衣领子上有个小卡子。

（9）敌人在西城门设卡，盘查来往行人。

（10）这个哨卡位于海拔四千米的高山上。

“卡”读kǎ时，是音译用字，用于音译的外来词。例如：

（11）我原先用资料卡片，现在不用了，资料都存在电脑里。

（12）这时它放出的热量大约有800卡（热量单位“卡路里”简称）。

（13）现在干什么都要刷卡，去银行用信用卡，坐公交要用交通卡。

（14）好心的卡车司机开车跑了十几里，把几个伤员送进了医院。

“槛”在“门槛”中读kǎn，在“曲槛”中读jiàn

“槛”有两种读音，一种是kǎn，另一种是jiàn。

“槛”读kǎn时，指门框下部挨着地的横木或石条。例如：

（1）走至堂屋，只见小丫头丰儿坐在房门槛儿上。（《红楼梦》）

（2）这个王府的门槛很高。

（3）北京大学门槛儿高，许多学生不敢报考。

（4）只要迈过这道门槛，以后就好办了。

上面例子中（1）（2）中的“门槛”是实指，（3）（4）中的“门槛”则是比喻性的用法。

“槛”读 jiàn 时，指“栏杆”。例如：

（5）阁中帝子今何在？槛外长江空自流。（唐代王勃《滕王阁序》）

（6）庙里有残留的矮槛。

另外，“槛”读 jiàn 时，也指关动物的栅栏或押送犯人的囚笼。例如：

（7）兽槛里关着一只狐狸。

（8）槛车里的犯人是送往汴京的。

“槛”读 kǎn，在生活中比较多见；读 jiàn，则多见于文言诗文或书面语。

“坷”在“坎坷”中读 kě，不读 kē

“坎坷（kě）”指道路高低不平。例如：

（1）山路坎坷难行，直到天黑才走到。

（2）这条路原先一直坎坷不平，现在修好了，开车很好走。

“坎坷”也用来比喻人生的道路不顺利。例如：

（3）他一生坎坷，历经磨难，但仍矢志不渝搞研究。

（4）老李经过很多坎坷，所以处事沉着，很有经验。

“坎坷”读 kǎnkě，应注意其中的“坷”读三声 kě，不读一声 kē。

“壳”在“甲壳”“躯壳”中的读音

有人问，“躯壳”的“壳”怎么读。

“壳”有文读和白读两个读音。文读是 qiào，白读是 ké。在书面语色彩的词语中文读 qiào。例如：

（1）虾和螃蟹都是甲壳动物，这一带水域养殖的不少。

（2）地壳由坚硬的岩石组成，大陆地壳平均厚度为 35 千米。

（3）壳菜是一种软体动物，生活在浅海区。

（4）他用金蝉脱壳之计，逃离了敌人的虎口。

在口语色彩的词语中白读 ké。例如：

（5）这是由报废的汽车壳子改装的。

（6）他在海边捡了许多好看的贝壳儿。

文读时一般不单说，白读时可以单说。例如：

（7）桌子上有一堆鸡蛋壳儿。

（8）孩子的口袋里有个子弹壳儿。

（9）他把地上的花生壳儿扫到簸箕里。

这时“壳”在口语中多儿化，儿化后的“壳儿”往往有“小而圆”的含义。从上面的例子可以看出，“躯壳”中的“壳”宜读 qiào，《现代汉语词典》《现代汉语学习词典》等工具书，也是这样给“躯壳”注音的。

“恪”在“陈寅恪”中怎么读

《普通话异读词审音表》里规定，“恪”统读 kè。

徐世荣先生在《普通话异读词审音表释例》中对此做了说明：“《（普通话异读词审音表）初稿》审‘恪守’一词，定‘恪’音 kè，注明：‘不取 què 音。’人名如近代学者陈寅恪。……《订本》仍 kè 音，‘统读’涵括文言及古书中‘恪’字读法。”据此，“陈寅恪”的“恪”宜读 kè。国家语言文字工作委员会发布的中国语言生活绿皮书 A004《汉语拼音词汇 专名部分（草案）》（上海辞书出版社，2015 年 1 月版）中“陈寅恪”的“恪”注音为 kè。

另外，《陈寅恪集 · 书信集》（生活 · 读书 · 新知三联书店，2001 年版）之《致傅斯年（第七十六）》中，署名为“Chen Yin Ke”，可见他也认为自己名字中的“恪”读 kè。

“溘然长逝”中的“溘”读 kè，不读 hé

“溘（kè）然长逝”中的“溘”是“忽然”的意思。例如：

（1）朝露溘至，握手何言？（南朝梁江淹《恨赋》）

（2）最后，孙先生连呼“和平奋斗救中国”数声，溘然长逝！（何香凝《回忆孙中山和廖仲恺》）

（3）灾难溘然降临，他登时手足无措。

“溘”读四声 kè，有人读 hé，是一种误读。

“空地”“空缺”中的“空”读 kòng，不读 kōng

“空”有两种读音，一种是一声 kōng，另一种是四声 kòng。

“空”读一声 kōng 的时候，是形容词，表示“里面没有东西、人等”。例如：

（1）他捡了俩空瓶子，扔到垃圾箱里。

（2）下雨了，操场上空无一人。

（3）市场上这种东西已经卖光了，他只好空着手回来。

（4）内容有些太空泛，要好好修改。

（5）这间房子已经腾空了，你马上搬进去。

“空”读四声 kòng 的时候有动词、形容词、名词三种用法。

一、做动词，表示“使空缺”“腾出来”。例如：

（6）别太挤，给小刘空个地儿。

（7）空出一天时间咱们聊聊，还不行吗？

（8）这排座位后面要空出些地方，让人通行。

（9）把阳台空出来，放些花盆儿。

（10）这儿最好空出一块地方存放暂时保留的货物。

二、做形容词，表示“没有被占用的”。例如：

（11）还有几间空房间，让他们先住下。

（12）找两个空教室做图书室。

（13）这是空船舱，东西就放在那儿吧。

三、做名词，表示“没有被占用的时间或空间”。例如：

（14）这几天太忙了，一点儿空也没有。

（15）墙角有点儿空，就放那儿吧。

（16）你这两天抽空去看看爷爷。

“空地”“空缺”中的“空”是形容词，表示“没有被占用的”，因此宜读四声 kòng。

“空城计”是说城里没有兵将，因此其中的“空”要读一声 kōng。

“空（kōng）心”是说内部是空的，例如“空心萝卜”是说萝卜中间没长实，“空心菜”则指一种茎秆中空的菜。

“空（kòng）心”则指没吃东西，使得肚子空（kōng）着。现在似乎说得少些。

“夸父逐日”中的“夸”读 kuā，不读 kuà

“夸父逐日”中的“夸父”是古代神话中的人名。“逐日”是“追赶太阳”的意思。这个故事被用来比喻征服自然的坚强决心，也比喻自不量力。

“夸”是姓氏。《姓觿·麻韵》中说：“夸，《路史》云：黄帝裔，夸父之后。”“夸父”的“夸”不是简化字，在繁体字中仍写作“夸”。

“夸父”的“夸”读一声 kuā，有人读四声 kuà，是一种误读。

L

“落下残疾”中的“落”怎么读

有人问，“落下残疾”中的“落”应该读 lào 还是读 luò？

“落”是个文白异读字，文读为 luò，白读为 lào 和 là。

一般来说，文白异读字在词语中做语素时要文读。所以，“落”在“落榜”“落潮”“落后”“落脚”“落日”中文读，读 luò。“落”在口语中单说时白读，读 lào 或 là。例如：

（1）我插队的时候割麦子扭了手腕，落（lào）下了病根，现在右手提重东西容易犯病。

（2）她说自己年轻时，不注意身体，光是拼命干活，当时医疗条件也不好，结果落（lào）下一身病。

（3）我本来想为大伙儿办点好事，没想到，反倒落（lào）了褒贬。

（4）老王这趟买卖刨去花销，净落（lào）一万六。

（5）你当推销员，交了房租什么的，一个月落（lào）多少钱啊？

（6）一只蜜蜂落（lào）在花心儿里了。

（7）我把作业本落（là）在家里，我去取吧？

（8）快点儿走，别落（là）下。

（9）他抄写的这句话好像落（là）了一个字。

例（1）至（5）中的“落”大体表示“得”或“得到”，（6）中的“落”表“降落”，（7）中的“落”表“东西忘在某处，忘拿走”，（8）中的“落”表“因跟不上而被丢在后面”，（9）中的“落”表“遗漏”。

此外，文白异读字在口语词中白读。所以“落”在口语色彩明显的“落包涵”“落不是”“落汗”“落色”“落枕”中白读，读 lào。

“落（lào）××”的说法涉及的事情似乎不如意的较多见，例如“落包涵”“落褒贬”“落不是”“落单儿（无伴儿，孤单）”等。

“落下残疾”中的“落”是口语中单说的，宜读 lào。

“落”在“空落落”中怎么读

有人问，“空落落”一词，有的资料注音为 kōngluò-luò，有的注为 kōnglàolào，究竟应当怎样读呢？

“落”是个文白异读字，在书面色彩的词语中多读 luò，而在口语色彩的词语中，多读 lào。例如在“落榜、落差、落地、落户、落花流水”中“落”读 luò，而在“落不是、落汗、（不）落忍、落枕”中“落”读 lào。

“空落落”有两个意思，一个是“空旷而冷冷清清”。例如：

（1）树上叶子落光了，林子里空落落的。

（2）寒假到了，学生走了，学校空落落的。

（3）这是旅游淡季，天气冷，公园里空落落的。

“空落落”的另一个意思是“心中没有着落，若有所失”。例如：

（4）她把孩子送到母亲那儿，回来时，心里空落落的。

（5）毕业了，离开学习六年的母校，他心里空落落的。

（6）送他来的家人都走了，他愣了一会儿，心里空落落的。

“空落落”一词在口语中使用较多，人们在口语中说到“心中没有着落，若有所失”时，常用到这个词。且一般多说成 kōnglàolào。因此，在《现代汉语词典》中，“空落落”一词的注音虽然是 kōngluòluò，但是在其后的括号中说明，“口语里多读 kōnglàolào”。从这一说明来看，采用文白两种读法都是可以的，都不算错。“空落落”一词出现在文章中时，如果文章的书面语色彩较明显，则宜读 kōngluòluò；如果口语色彩比较明显，则宜读 kōnglàolào。

“乐”在“不亦乐乎”中读 lè，不读 yuè

《论语·学而》中说：“有朋自远方来，不亦乐乎！”意思是：“有朋友从远方来，不也是很快乐的吗？”现在常用“不亦乐乎”表示达到了很高的程度。例如：

（1）这些天忙得不亦乐乎，实在没时间，下月吧。

(2)他们俩辩论得不亦乐乎，也没辩出个结果。

在《现代汉语词典》等工具书中，"不亦乐乎"中"乐"的读音是 lè，而不是 yuè。有人读 yuè，是误读。"不亦乐乎"中的"乐"是"快乐"的意思。

"量"在"量身定做"中怎么读

"量"有两个读音。一个是 liáng，一个是 liàng。

读 liáng 的时候是表示用某种工具测定。例如：

(1)我去医院先量血压，然后量体温，最后量一下体重。

(2)找把皮尺，咱们来量一下这间房子的面积。

(3)用量角器测量一下 A 角的大小。

(4)这片土地需要重新丈量一下。

以上例句中的"量"都读 liáng。在有的双音词中，"量"(liáng)表"估计"的意思，但这些词的"量"在口语中常读成轻声。例如"打量""掂量""端量""估量""酌量"等。

"量"读 liàng 时主要有以下几个意思：

一、指容纳的限度。例如"容量""胆量""度量""饭量""酒量""气量"等词语中的"量"读 liàng，表示容纳或者承受的限度。

二、指数量。例如"产量""大量""流量""饱和量""信息量""降雨量"等词语中的"量"读 liàng，表示数量的多少。

三、表估计。例如“量才录用”“量力而行”“量入为出”“量体裁衣”“不自量力”等词语中的“量”读 liàng,表示估计、估量的意思。现在人们常说的“量身定做”跟“量体裁衣”中的“量”的意思相同,也表“估计”,因此也应读去声 liàng,不宜读 liáng。

“六安”的“六”怎么读?

“六安”是安徽省的一个地名。“六安”中的“六”应该怎么读呢?以往的工具书中,有的说应该读 lù。但是 2015 年出版的国家语委发布的中国语言生活绿皮书《汉语拼音词汇 专名部分(草案)》里,“六安”的注音是 liùān。现在,央视也按照 liùān 的读法来读“六安”。

许多年前,《现代汉语词典》中,“六”字有 lù 的读音,举的例子就有“六安”的“六”。后来《现代汉语词典》取消了这种读法,“六”不再有 lù 的读音。

顺便提及,在《现代汉语词典》中,湖北“监利”的“监”读四声,不读一声。这个注音跟 1962 年 12 月发表的《普通话异读词审音表初稿》第三编中的注音是一致的,宜按照这个读音来读,不宜按照《汉语拼音词汇 专名部分》中的注音将这个“监”读为一声。

M

“蔓”在“枝蔓”中怎么读

《普通话水平测试实施纲要》中的朗读作品《丑石》中“枝蔓”的“蔓”，有的地方注音为 màn，有的地方注音为 wàn，“枝蔓”的“蔓”究竟应当怎样读呢？

“蔓”字有三个读音。在“蔓菁（mánjing）”中读 mán。

此外，“蔓”是文白异读词。

在合成词中读 màn。例如在“蔓草”“蔓草难除”“蔓生”“蔓生植物”中读 màn，这时“蔓”指“细长不能直立的茎”。在“蔓延”“滋蔓”中也读 màn，但这时是动词性成分，表“滋生、扩展”的意思。

在名词“枝蔓”中，“蔓”也读 màn。“枝蔓”在《现代汉语词典》中即注音为 zhīmàn。“枝蔓”指“枝条和藤蔓”，也用来比喻文章中跟主题无关的词语。“枝蔓”也可以做形容词，用来形容叙述烦琐纷乱、不得要领。例如“行文枝蔓”。

《丑石》说“荒草便繁衍出来，枝蔓上下”。这里的“枝蔓”是名词临时活用为动词，其中的“蔓”仍应读 màn。

口语中单说“蔓”时，读wàn，且在口语中常儿化。例如在以下句子中读wàn：

西红柿爬蔓（儿）了　该压蔓（儿）了　顺着蔓（儿）摸瓜

“瓜蔓儿”虽然是合成词，但口语色彩浓厚，所以其中的“蔓”习惯上也读白读，读做wànr。

小贴士

“蔓延”跟“曼延”不同。“蔓延”是说像蔓草一样向周围延伸、扩展。例如“不能让这种传染病继续蔓延”“要采取得力措施杜绝不正之风的蔓延”“火势还在蔓延”。

“曼延”则是指“连绵不断”，多用于山脉、河流、道路、海岸等。例如“太行山脉曼延千余里”“曲折曼延的小路”“山下是曼延的海岸”。

“靡”在“奢靡”“风靡一时”中的读音

“靡”有两种读音，一种是二声mí，另一种是三声mǐ。

“靡”读二声mí的时候表示“浪费”的意思。“靡费”指浪费，如“靡费钱财”。“奢靡”指奢侈浪费，如“生活奢靡”。

“靡”读三声mǐ的时候，有三个意思。

一、表示“倒下”。例如“望其旗靡（mǐ）”是说望见旗子倒下。“风靡一时”是形容事物在一个时期很流行，像风吹草伏一样。“披靡”是说草木随风散乱倒下，或者指军队溃散。“所向披靡”是说风吹到的地方，草木都随风倒下，比喻某种力量达到的地方，一切障碍都被消除。“靡靡”指草随风倒伏的样子，如“茅草靡靡”，也用来指低级趣味的乐曲，如“靡靡之音”。

二、表示“美好或华丽”。表示这个意思较常见的词语是“靡（mǐ）丽”。“靡丽”有时表示“奢侈华丽”，如“骄奢靡丽的装饰”；有时表示“精美华丽”，如“靡丽的服饰”“雕饰靡丽”“章句靡丽”。“靡衣玉食”是指穿华丽的衣服，吃精美的食物。例如：“他出生于一个靡衣玉食的富商家庭。”

三、表示“没有”。例如，“靡（mǐ）坚不摧”是说无坚不摧，“靡日不思”是说没有一天不想。成语“靡（mǐ）有孑（jié）遗”是说没有遗留下来的。“孑遗”是指遭受兵灾等大变故后遗留下来的少数人。例如“心狠手辣的侵略者把村里人都杀了，靡有孑遗”。

“模样”的“模”怎么读

“模”有两个读音，一个是 mó，一个是 mú。

“模”在大多数词语中读 mó。例如，在“模范、模仿、模糊、模拟、模式、模特儿、模型”中都读 mó。

在常用词语中，只是在“模子、模具”及“模样”中读 mú。由“模样”组成的四字格词语中，“模”也读 mú。例如“大模大样、像模像样、一模一样、装模作样”中，“模”也读 mú。

小贴士

古代木制的模型叫“模”，竹制的模型叫“范”。两字连用，成为“模范”，指榜样。“模仿”“模拟”中要写“模”，不要写成“摹”。

N

“难”在“排忧解难”中怎么读

《词语流行病辨析》一书中的《“难”说》认为“排忧解难”中的“难”读阳平，但《现代汉语词典》将“排忧解难”中的“难”注为去声。“排忧解难”中的“难”究竟应该怎么读?

“难”字有两个读音。一是阳平，一是去声。

“难”读阳平的时候，是形容词或动词。做形容词的时候，表示“困难的、不容易做的”的意思。例如：

（1）这件事很难办，我实在想不出好办法。（不容易，很费事）

（2）如果采取老技术，很难保证质量。（难以做到）

（3）一下雨，这条路很难走。（不容易做）

也表示“使人感到不好”或“效果不好”。例如：

（4）我不穿这件衣服，挺难看的。

（5）他做的这条鱼很难吃。

（6）这个孩子刚学小提琴，拉得很难听。

做动词的时候，表“使人感到困难”的意思。例如：

（7）他被这道题目难住了。

（8）再大的阻碍也难不住我们。

“难”读去声的时候，是动词或名词。

做动词的时候，表“质疑、责问”的意思，例如“非难、责难、问难、论难析疑”中的“难”都是这个意思。这时，“难”在词语中充当语素，这些词语具有书面语色彩。

做名词的时候，表示“祸患”“灾难”的意思。例如：

（9）这时，很多人跑到乡下避难。

（10）真正的朋友应该有福同享，有难同当。

“排忧解难”是“为他人排除忧虑、解除危难”的意思，其中的“难”是名词性的，表示“危难”的意思，符合“难”充当名词时的意思，故而应该读去声 nàn，不宜读阳平 nán。

“腩”在“牛腩”中怎么读

“牛腩”指牛肚子上或接近肋骨处的松软肌肉，也指用这种肉做成的菜肴。在《现代汉语词典》中，“牛腩”的“腩”读三声 nǎn。

《汉语大字典》中说，“腩”在《广韵》中注音为“奴感切”。因此《现代汉语词典》等工具书注三声是正确的，是以传统音为依据的。20 世纪 30 年代出版的《国语辞典》中，“腩”字的注音也是三声。

在生活中，人们说普通话的时候，则多把“牛腩”读成 niúnán。例如在买牛肉的时候，在餐厅里点菜的时候，人们多把“牛腩”说成 niúnán。

其实，类似的读音现象不少。例如，“一会儿”中的“会”，词典上注四声，生活中人们多读三声；“主意”的“主”，词典上注三声，生活中人们多读二声。

在《现代汉语词典》第 5 版中，“绿油油”一词的注音为 lǜyóuyóu。但是，在生活中人们常把其中的“油油”读成一声。为了反映这种口语中普遍存在的实际情况，该词典在 lǜyóuyóu 后括注“口语中也读 lǜyōuyōu”。

《现代汉语词典》第 6 版中，在“一会儿”后面增加括注，说明其中的“会”口语中也读三声，在“主意”后面增加括注，说明其中的“主”口语中也读二声。

这种灵活的“从俗”做法，反映了广大民众的读音习惯，特别是北京话里的读音习惯。此类情况不少。采用灵活做法，也有个过程。目前，“牛腩”在《现代汉语词典》第 7 版中，尚未括注“口语中也读 niúnán”。

笔者建议，我们在生活中说普通话的时候，说成 niúnán，也可不算错。不过，电台、电视台播音员目前最好还是读成三声比较妥当。

“拧”字的三种读音

“拧”字因声调不同有三个读音。

一、读二声 níng。读 níng 的时候有两个意思，一个意思是“反向旋转”。例如以下句子中的“拧”都读二声：

（1）他洗了手，把毛巾拧干了。

（2）妈妈洗干净衣服后，拧了拧，晾在绳子上。

（3）买回小萝卜，先拧掉萝卜缨子，再去洗。

（4）他用一种手摇的机器把麻拧成绳子。

读二声时，还表示“拧皮肉”，例如：“拧了他一下。”“你拧我干吗？”

二、读三声 nǐng。读 nǐng 的时候有三个意思，第一个意思是“向一个方向旋转”。例如：

（5）把水龙头拧紧。

（6）这几个螺丝松了，赶快拧好。

（7）把盖儿拧好，别让水洒出来。

第二个意思是指把事情弄颠倒、错位了。例如：“他把事儿说拧了。”“两个人说的情况满拧！”

第三个意思是相互抵触、闹别扭。例如：“这两个人现在拧着劲儿，老闹矛盾。”“你别老跟他拧着啦，多商量商量。”

三、读四声 nìng。指性格上倔强、固执。例如：“这孩子，脾气真拧！”

小贴士

“把高粱穗拧下来”中，“拧”是“扭”的意思，读二声（níng）。但在社会生活中，人们习惯读三声（nǐng），因此看到注为三声 nǐng 时，也予以理解，不应看作是错误的。

P

"逢蒙"的"逢"怎么读

嫦娥奔月故事中有个人物叫"逢蒙"，这个"逢"字怎么读呢？

《辞海》第6版中说，"逢"做姓氏的时候，读páng，并举出了"逢蒙"的例子。该工具书又说，"逢"是本字，"逢"是它的异体字，"逢蒙"在古书中也有写作"逢蒙"的。

在《中华姓氏大辞典》中，"逢"做姓氏时读páng。

《现代汉语词典》虽然说"逢"做姓氏时读féng，但没有举例。可以认为，《辞海》的说法是可靠的，而且该工具书举出了"逢蒙"的例子。《中华姓氏大辞典》是根据1982年第三次全国人口普查的结果进行科学统计而编纂的，因此也是可靠的。《现代汉语词典》照顾到现实生活中许多姓"逢"的人把这个姓氏读成féng，故而注音为féng。其实，其中有的人是按照生活中常见的féng音来读的，是一种俗读。"逢蒙"是古书中的人物，"逢"读páng比较妥当。

“朋友”怎么读

“朋友”在普通话口语中是轻声词，读成 péngyou。因此，《现代汉语词典》中将“朋友”注为 péngyou 一种读音。

值得注意的是，“小朋友”却不轻读，读为 xiǎopéngyǒu。这是因为“小朋友”不是词组，不指“小的朋友”，而是指“儿童”，是一个固定的词，因此按照普通话里三字词的语音格式，第三个字“重读”。

如果第三字轻读，读成 xiǎopéngyou，则表示“小的朋友”。“小”有“个头小”或“年龄小”的意思。因此 xiǎopéngyou 可以用来指个头小或年龄小的朋友。例如：

（1）这只羚羊常找小象来玩儿，他是这头小象的一个小朋友（xiǎopéngyou）。（指个头小）

（2）年迈的学者有个得力的助手，是位刚毕业的大学生，年轻人也是老人的一个小朋友（xiǎopéngyou）。（指年龄小）

“老朋友”中的“老”是“时间久”的意思，跟表时间短的“新”相对。例如：

（3）这次来开会，不仅能见到不少老朋友，还打算结交一些新朋友。

“片”在“唱片”中读第几声

有人把“唱片”和“唱片儿”中的“片”都读一声，这种读法对吗?

“唱片”中的“片”应该读第四声，读成 piàn。除“唱片”外，“画片”“相片”“影片”“照片”中的“片”也读四声。

应该注意的是，如果这些词语儿化，则应读为一声。也就是说，“唱片儿”“画片儿”“相片儿”“影片儿”“照片儿”中的“片”应该读一声。例如“唱片儿”应读成 chàngpiānr。

小贴士

“片”做量词，用于“景色、景象、气象、声音、心意”等时，数词限于“一”。例如“一片春色”“一片欢腾”“一片新气象”“一片笑声”“一片真心”等。

Q

“绮”在“转朱阁，低绮户”中怎么读？

苏东坡《水调歌头》中说：“转朱阁，低绮户，照无眠。”其中的“绮”，有人读 qǐ，有人读 yǐ。应该怎样读呢？

在 1985 年公布的《普通话异读词审音表》中，“绮”被规定为“统读”qǐ，在 2013 年出版的《通用规范汉字字典》中，“绮”只有一个读音，即 qǐ。

《古汉语常用词词典》（语文出版社，2006 年版）中，有“绮户”这一词条，释义为“彩绘雕花的门”。该词条引用了苏东坡《水调歌头》中的“转朱阁，低绮户，照无眠”。“绮户”词条在“绮（qǐ）”字头之下，可见该词典认为“低绮户”中的“绮”读 qǐ。

在《汉语大字典》中，“绮”字表示“华丽”等意思时均读 qǐ。该字典同时说明，“绮”字只在一种情况下读 yǐ，这就是“人名用字”，并举出《庄子》里有“士成绮（yǐ）”这个人名。

因此，“转朱阁，低绮户，照无眠”中的“绮”宜读 qǐ，不宜读 yǐ 或 qí。

“悄”在“悄悄”“悄然”中的读音

“悄”有两种读音，一种是一声 qiāo，另一种是三声 qiǎo。

在“悄悄”中，“悄”读一声 qiāo，“悄悄”读成 qiāoqiāo。在口语中，“悄悄”常读成儿化词。例如“他悄悄地走了”，口语中常说成“他悄悄儿（qiāoqiāor）地走了”。“悄悄话”中的“悄悄”也读 qiāoqiāo，“悄悄话”也常说成“悄悄儿话”。

“悄”跟其他语素组合的词语中，“悄”都要读三声 qiǎo。

例如在“悄然”中读三声 qiǎo。“悄然”有两个意思，一个是“寂静无声的样子”。例如“树林里悄然无声”“他收拾好自己的东西，悄然离去”。另外一个意思是“忧愁的样子”。例如：“听到这个消息，她悄然泪下。”“悄”在“悄寂”“悄声”“悄无声息”等词语中也读三声，这几个词语也都是没有声音或声音很小的意思。

在文言诗文中，有单说的“悄”，这时要读三声 qiǎo。例如苏东坡《蝶恋花》中说“笑渐不闻声渐悄（是声音小的意思）”，白居易《雨夜有念》中说“胡为悄（指忧愁的样子）不乐”，这两处的“悄”都读三声 qiǎo。

“悄婚族”是近年出现的新词语，指崇尚简约、低调，只登记而不举办婚宴的人。其中的“悄”读三声 qiǎo。

我们只要记住，“悄”除了在“悄悄”这一叠音形式中读一声 qiāo 外，在词语中充当语素时都要读三声 qiǎo，就能读正确了。

S

“散”的两种读音

“散”有两种读音，一种是三声 sǎn，另一种是四声 sàn。

“散”读三声 sǎn 的时候，有两种词性，一种是形容词，一种是名词。做形容词的时候，表示：一、“无约束的”。例如“散漫”“一盘散沙”。二、“零星的，不成整体的”。例如“散页”“散装”。三、“松开，解体”。例如“柴火捆儿散了”“包袱散了”“球队散了”。“散（sǎn）”做名词的时候，表示：一、粉末状的中药（取其“松散”义）。如“健胃散”“丸散膏丹”。二、古代琴曲名，如“广陵散”。三、地名，如“大散关”。

“散”读四声 sàn 的时候，是动词，有三个意思：一、“从聚集状态分离”。例如“解散”“披头散发”“烟消云散”“已经散会了”。二、“散布，四处分发”。例如“散布谣言”“散发传单”“天女散花”。三、“排遣（心中不好的情绪）”。例如“散心”。

《后汉书·华佗传》中说：“乃令先以酒服麻沸散。”其中的“散”指中药，读三声 sǎn。《三国演义》第五回中说的“（曹操）欲散家资，招募义兵”及《红楼梦》第五回中说的“富贵的，金银散尽”中的“散”都是动词，读四声 sàn。

“散户”指零散的个体经营者，“散啤”指散装啤酒，其中的“散”都读三声 sǎn。港澳地区说的“散水”指坏人作案后分头逃走，如“几个劫匪散水时被警察抓住”。其中的“散”读四声 sàn。

“禅”在“刘禅”中怎么读

三国时代刘禅的“禅”，有人读 chán，有人读 shàn。哪种读法正确呢？

“禅”读 chán 的时候，表跟佛教有关的几个意思，例如禅宗、禅学、禅房等。

“禅”读 shàn 时，有“帝王祭祀山川土地”“以帝位让人”“传授”等意思。

《三国志·蜀书》记载：“后主讳禅，字公嗣，先主子也。”由此可知，刘禅字“公嗣”。“公”是对人的敬称，“嗣”有“继承君位”“君位继承人”“继承”等意思。

古人的“名”跟“字”之间存在某种语义联系。例如跟刘禅同时代的诸葛亮的“名”是“亮”，“字”是“孔明”。这儿的“孔”是“大”的意思。“孔明”就是“大明”（见《古人名字解诂》，语文出版社，2003 年版）。这跟诸葛亮“名”中的“亮”的意思是相关相近的。

从“名”跟“字”的语义联系来说，“禅（chán）”表示的佛教事物跟“嗣”的几个义项没有明显的联系；“禅（shàn）”表示的“传授”跟“嗣”表示的“继承”或“继承君位”等有一定的语义联系。因此，刘禅的“禅”应读shàn。

刘禅的“名”跟“字”，或许是刘备起的，那么其中的“传授”和“继承”，反映出希冀刘禅继承帝位并传之后代的企望。

另外，《三国志·蜀书·杜琼传》说：“先主讳备，其训具也，后主讳禅，其训授也。如言刘已具矣，当授与人也。”从这段议论，可以看作“刘禅”的“禅”跟佛教事物无关，而应读 shàn 的一个旁证。

“参”在曾参、曹参、岑参三个古人名字中的读法

曾参是春秋末期鲁国人，是孔子的学生，以孝著称，曾提出“吾日三省吾身”（见《论语·学而》）的修身方法。

曹参是西汉初大臣。随刘邦起义，屡立战功，被封为平阳侯。汉惠帝二年，继萧何为丞相，一仍旧贯，被称为“萧规曹随”。

岑参是唐代边塞诗人。

曾参、曹参、岑参三个人名字中的“参”，该读 cān 还是读 shēn 呢？

在《辞海》（第 7 版）中，这三个人的名字“参”注音

为 shēn。

另外，国家语言文字工作委员会发布的中国语言生活绿皮书 A004《汉语拼音词汇 专名部分（草案）》（上海辞书出版社，2015 年 1 月版）中，这三个人名字的汉语拼音的拼写分别为：

曾参 Zēng Shēn 人名

曹参 Cáo Shēn 人名

岑参 Cén Shēn 人名

因此，宜将这三个古人名字中的“参”读为翘舌音 shēn。

“胜”在“高处不胜寒”中的读音

有一位长者和孩子争论“我欲乘风归去，又恐琼楼玉宇，高处不胜寒”中“胜”的读音。这位长者当年上学时读一声，可是孩子说应当读四声。

“高处不胜寒”中的“胜”是“经受得住、能承受”的意思。过去，“胜”表示这个意思的时候，读阴平。这种读法是为了跟“胜利”的意思区分开。1959 年 7 月发表的《普通话异读词审音表初稿》续编中，规定“胜”表示“经受得住、能承受”的意思时不再按照“旧读”读阴平，而要读去声。

因此，在 1959 年 7 月之前，把“高处不胜寒”中的“胜”读阴平是对的。但 1959 年 7 月之后，应当读去声。

1985 年 12 月公布的《普通话异读词审音表》承袭了这一意见，规定“胜”字“统读”去声。所以，就现在的读音规范而言，孩子的读法是正确的。

有机化合物“肽（tài）”还有个名字叫“胜”。这个“胜”要读阴平。《现代汉语词典》指出了“胜”的这个读音。《普通话异读词审音表》规定“胜”字“统读”去声时没有考虑到这一点，是个失误。因之，徐世荣先生在《普通话异读词审音表释例》中批评《普通话异读词审音表》规定“胜”统读 shèng 属“失考”。

“什刹海”“西直门”的读音

国家语言文字工作委员会发布的中国语言生活绿皮书 A004《汉语拼音词汇 专名部分（草案）》（上海辞书出版社，2015 年 1 月版）中，“什刹海”的注音是 Shíchà Hǎi。也就是说，这里的“刹”读 chà。那么，为什么听到北京人把其中的“刹”读成类似 shà 的音呢？这是因为字的读音在语流中产生了变化。普通话三个音节的词语轻重音格式是“中轻重”。也就是说，按照三个音节词语轻重音的格式，“什刹海”中的“刹”是读轻声的。而“刹”前的“什”跟“刹”后的“海”都是擦音。因此，发轻声音节时为了省力，说话人就把“刹”的声母塞擦音 ch 读成了跟 ch 同部位的擦音 sh。而轻声音节有时听起来跟四声有点像，因此把“什刹海”说得快了，听起来像“什霎海”。

“西直门”也是三个音节的词语。因此其中的“直”也要轻读。轻读音节如上所说，有时有的像去声。因此听起来有点像“西至门”。

有的人把“西直门”中的“直”读得很轻，不再是一个音节，只是做了一个卷舌动作，附着在“西”后，跟 Xīzhí Mén 的读音差别更大些。当然，在说普通话的时候，这两个名称宜按照规范读音来读。

“石”在“一食或尽粟一石”中怎么读

有人问，《马说》一文里“一食或尽粟一石”中的“石”怎么读。

《马说》是唐代文学家韩愈的一篇文章，原为韩愈所作《杂说》的第四篇。文中“一食或尽粟一石”的意思是“吃一顿有时能吃完一石粮食”。这里的“石”是容量单位，10 斗等于 1 石。表容量的“石”在现代汉语中读 dàn。

在《现代汉语词典》中，对此字在括注中说“在古书中读 shí”。《新华字典》里，对此字也在括注中说“此义在古书中读 shí”。这两处说明实际上是指出，“石”表容量单位时，在“古音”中读 shí。

现在读古诗文时，一般倡导按照现在普通话的读音来读。这样读，也便于现在的人理解。例如成语“叶公好龙”中的“叶”，1937 年的《国语辞典》中注音为 shè，而现在的工具书一般注音为 yè。再如，“衣锦还乡”中的“衣”，《国语辞典》注音为 yì，而现在的工具书一般注音为 yī。按照现在的普通话来读古诗文、成语，是一种历史趋势。因此，宜将表示容量的“石”读作 dàn。

这其实是个观念的问题，对古诗文中的某些字，有人主张按“古音”来读，有人主张按现代音来读。后者似为一种主流观念。如果有人按照“古音”来读，我们不必纠正人家，但自己最好按照普通话的读音来读。

“数”在“计数”“难以计数”中怎么读

“计数”的“数”有三声 shǔ 和四声 shù 两种读法。

“数”读三声时，计数（shǔ）是统计、计算的意思。其中的“数”是动词，表“统计，计算”。这时，“计数”是联合型合成词。例如：

（1）被八国联军抢走的文物，不可计数。

（2）辽阔海洋里的生物种类难以计数。

（3）母亲计数着孩子归来的日子。

（4）当时，这样的事很多，无法计数。

（5）公园里的设备自动计数入园人数。

“数”读四声时，计数（shù）是“统计数量”的意思。其中的“数”是名词，表“数目”或“数量”。这时，“计数”是动宾型合成词。例如：

（6）那时的计数器是手动的。

（7）这时，工程师们采用的计数单位是毫米。

（8）他一边收费，一边计数。

（9）他用什么工具来计数呢？

（10）选举时，有人在黑板上画“正”字来计数。

值得注意的是，不要把“不可计数”“难以计数”中的“数”读成四声 shù，而宜读成三声 shǔ。“计数（shǔ）”是“数（shǔ）”的意思，而“计数（shù）”是“数（shǔ）数（shù）”的意思。

“腧”“膻”的读音

有人学习中医穴位时，碰到“腧”跟“膻”两个字，不知道读音和意思。

“腧”读 shù，指人体上的穴位。也写成“输”或“俞（shù）”，但一般写成“腧”。“输”的本义是“运送”，而“腧”有“输注”的含义（“穴”有“空隙”的意思，是经络、脏腑气血输注处）。“俞”字起源较早，金文中就有，本义是“挖空树做成船”。“腧”出现较晚，见于中古《广韵》。用于指穴位，“腧”比“俞”似更容易让人理解，故用“腧”来指穴位渐成主流用法。“俞”现在的常见用法是做姓氏，读 yú。“腧（shù）穴”除了用来统称人体上的穴位外，也特指背部的背腧穴或四肢的五腧穴。

“膻”有两个读音，一个是一声 shān，另一个是四声 dàn。

读一声 shān 时，是形容词，用来形容羊身上的臊（sāo）味。例如：

（1）这个餐馆的羊肉做得很好，很香，没膻味儿。

（2）这儿的涮羊肉一点儿不膻，你尝尝。

读四声 dàn 时，用于“膻（dàn）中”一词。这是中医学的名词，指人体胸腹间横隔膜。“膻中”也是穴位名，此穴位于胸部正中。

“膻（dàn）中”的“膻（dàn）”不宜写成“壇”。“壇”是“坛”的繁体字。“坛”在古代指举行大典的高台。后来也指用土堆成的用来种花的台。人们也用“坛”来表示某个领域，如“文坛”“体坛”。

“说”在“说服”中怎么读

“说”字表示“用话来表达意思”时，读 shuō，例如在“说话”“解说”“诉说”等词语中读 shuō。“说”字表示“用话语劝说使人听从自己的意见”时读 shuì，例如在“说客”“游说”中读 shuì。

“说服”是“用理由充分的话使对方心服”的意思，其中的“说”，也有“劝说”的意味。因此，在口语中，也有人把“说服”中的“说”读成 shuì。

但是，在日常生活中，大多数人还是把“说服”中的“说”读成 shuō。或许因为这个原因，现在的词典一般都把“说服”中的“说”注音为 shuō。

另外，从词语的色彩说，“说客”“游说”都带有书面色彩，而“说服”口语、书面语中都用，所以人们大多

“从俗”，读成 shuō 了。

“宿”在“宿将”“一宿”中的读音

“宿”有三种读音，分别是 sù、xiǔ 和 xiù。

“宿”读 sù 的时候，表示“夜里睡觉”“过夜”。例如“宿舍”“宿营”“寄宿”“露宿”“住宿”“暮宿黄河边”“夜宿荒野”中的“宿”都读 sù。李白《宿五松山下荀媪家》说“我宿（sù）五松下”，是说自己在五松山下过夜。

读 sù 时，还有三种具有书面语色彩的用法：

一是表示“旧有的，一向有的”。例如“宿敌”（一向的敌人）、“宿疾”（老病）、“宿怨”（旧的怨恨）中的“宿”都是这个意思。

二是表示“年老的，长期从事某项工作的”。例如“宿儒”（年长而学识渊博的读书人）、“宿将”（久经沙场的将领）中的“宿”都是这类意思。

三是表示“隔夜的”。例如“宿酒”“宿雨”“宿妆”。

宿读 xiǔ 时，是量词，用来计算“夜”。例如“住了一宿”“两人谈了半宿”“整宿在值班”“干了两天一宿才完成任务”。

《红楼梦》第四十八回中，薛姨妈和宝钗商量让薛蟠到南方做生意的事情。书中写道：“商议已定，一宿（xiǔ）无话。”是说两人商议之后，就确定下来，一晚上不再议论此事了。

宿读 xiù 时，指某些星的集合体。我国古代天文学家把天空中黄道、赤道附近的恒星分成二十八组，每组称为一“宿（xiù）”，合起来叫“二十八宿（xiù）”。“星宿（xiù）”一词在古代指古人说的“宿（xiù）”，在现代一般用来指“星座”。

“塑料”中“塑”的读音

“塑料”的“塑”读 sù，口语中有人误读为 suò 或者 shuò，均系误读。在 1963 年的《普通话异读词三次审音总表初稿》中，“塑”字定音为 sù，所举的例子是“塑料”，同时说明“‘雕塑’的‘塑’也念 sù”。1985 年 12 月公布的《普通话异读词审音表》中，“塑”被规定为“统读”sù。

有人误读“塑”为 suò 或者 shuò，或许是受了偏旁“朔”的影响。就常见字而言，“朔”“搠”“槊”读 shuò，而“塑”“溯”读 sù。

“遂”在“毛遂自荐”中的读音

“遂”有两种读音，一种是 suì，用处较多；另一种是 suí，在常用词语中，仅见于“半身不遂（suí）”。

读 suì 时表示这么几个意思：一、表“顺，如愿”。如“顺遂”“遂愿”“称心遂意”“这下可遂了他的愿”。《红楼梦》第四十六回中说：“天底下的事，未必都那么遂心如意的。”其中的“遂”要读四声 suì。二、表“成功”。如“功成事遂”“阴谋未遂”“政变未遂”。三、表“于是”，多用于文言句式。如：“服药后腹痛遂止。”“公事毕，遂归家。”“乃掘地，遂得水。”“战事毕，遂卸甲。”

媒体上近些年常说的“遂（suì）行”，是“实行，执行”的意思。例如：“遂行断指再植手术。”“这个新组建的轰炸机编队具有遂行远程全天候战斗任务的能力。”

“遂”本来只有 suì 一种读音，只因为“半身不遂”的“遂”读 suí，而且已经相沿成习，广为流传，所以人们在审音时增加了 suí 的读音。因此，古代医书《金匮要略·中风》中说的“夫风之为病，当半身不遂……”中的“遂”应读二声 suí。值得注意的是，“毛遂自荐”中的“遂”应该读 suì，有人读 suí，是误读。

另外，地名“遂川”（在江西吉安）、“遂宁”（在四川东部）中的“遂”都读四声 suì。

T

“苔”在“绿苔”中怎么读

《普通话水平测试实施纲要》中的朗读作品《丑石》，有“绿苔”一词，其中“苔”注音为“阳平”。可是在配套的音像资料中，示范朗读者将其读为“阴平”。“绿苔”的“苔”究竟应该怎么读?

“苔”字有两个读音，一个是阴平 tāi，另一个是阳平 tái。

在“舌苔”一词中，“苔”读阴平 tāi。

在词语中充当语素，表示“苔藓植物”的意思时，“苔”读阳平 tái。例如，在“苔原”“苍苔”“青苔”“狗尿苔”“毛毡苔”中，“苔”都要读阳平 tái。

《丑石》中说，“丑石”上“竟锈上了绿苔、黑斑”。这里的“绿苔”是指绿色的苔藓植物，因此其中的“苔”也应当读成阳平 tái。

《普通话异读词审音表》中规定，“苔”有两读，文读时读阳平 tái，在口语中，也就是在白读时，读阴平 tāi。据此，我们可以把“舌苔”理解成口语色彩比较明显的词语。“苔”充当语素表示“苔藓植物”一类意思时构成的词语，有的书面语色彩较浓（例如“苔原”），有的书面语、口语中都使用，即没有明显口语色彩（例如“青苔”），都要读阳平。

小贴士

不能把“苔”看作“薹（tái）”的简化字。“薹”指“薹草”，或者指韭菜等植物中央细长的茎，跟表“苔藓植物”的“苔”的意思不同。菜市场上把“蒜薹”“韭薹”“油菜薹”写成“蒜苔”“韭苔”“油菜苔”，是一种错误的写法。

“帖”在“请帖”“字帖”中的读音

“帖”有三种读音。一种是读一声 tiē。读一声 tiē 时，表“顺从”或者“妥当”的意思，例如“服帖”“服服帖帖”“俯首帖耳”中的“帖”读一声 tiē，其中的“帖”是“顺从”的意思；“妥帖”“安帖”“宁帖”中的“帖”读一声 tiē，其中的“帖”是“妥当”的意思。“帖”表“顺从”一类意思时，是动词性的；表“妥当”一类意思时，是形容词性的。“帖”为动词性和形容词性时，都读一声 tiē。

第二种是读三声 tiě。读三声时，表示“信函”一类意思。例如“请帖”“喜帖”是邀请客人的信函，“谢帖”“回帖”则是写有简短事项的信函。《木兰诗》中说：“昨夜见军帖，可汗大点兵。”这儿的“帖”是一种文告。《儒林外史》中说：“你回他我们不在家，留下了帖罢。”这里的

“帖”指“名帖”，也就是名片。

第三种是读四声 tiè。读四声时，表示写字或者绘画时模仿的样本。因此，“字帖”“碑帖”“画帖”中的“帖”都读四声 tiè。《黄州寒食诗帖》中的“帖”要读四声 tiè，此帖简称《寒食帖》，是北宋著名文学家、书画家苏轼行书的代表作。该帖书法起伏跌宕、气势奔放，对后世影响很大，被称为“天下第三行书”（另两个行书名帖是《兰亭序》和《祭侄文稿》）。

“帖”读三声和四声时，是名词性的。

W

ueng 和 ong 发音过程不同

ueng 和 ong 都是后鼻韵母，注音字母都用ㄨㄥ来表示，听起来非常接近，但在《汉语拼音方案》中，发音和使用都不相同。

从发音来说，ueng 发音时舌位的动程从后高圆唇元音 [u] 开始，向中央滑动，到 [ə] 后，再向后上方的 [ŋ] 移动。这时，舌根上升，软腭下降，封闭口腔通路，发出纯粹的不除阻的后鼻音。这一发音过程也可以看作是在韵母 eng 前面增加一段由 [u] 舌位开始的发音动程。而 ong 韵母发音时，则是直接从 [u] 向后上方的 [ŋ] 移动，直至最后发出纯粹的不除阻的后鼻音。

在发音的过程中，ueng 由于有向央元音 [ə] 移动的过程，所以有展唇的情况，而 ong 由于没有这个过程，所以始终是圆唇的。可以说，ong 是保持小而圆的唇形不动，只是口腔里面舌位移动。这是二者发音的不同。从后鼻韵母的发音动程图来分析，很容易将这两个韵母区分开来。

另外，从使用来说，ueng 总是自成音节，写成音节形式时是 weng。“老翁”的“翁”的读音就是 wēng。ong 恰好相反，不能自成音节，只能前拼声母构成音节。例如

dōng 就是由 ong 前拼声母 d 构成的音节。

从声韵配合关系来说，ueng 不跟所有的声母相拼，ong 跟舌尖前音、舌尖中音、舌根音及舌尖后音的 zh、ch、r 相拼，不跟唇音、舌面音及舌尖后音的 sh 相拼。

“为之一振”的“为”怎么读

“为之一振”中的“为”，有人读二声，有人读四声，应当怎样读呢？

“为之一振”的意思是“因此就振奋起来”。例如：

（1）听到八路军打了胜仗的消息，当地军民的精神为之一振，决心团结起来，粉碎鬼子的扫荡。

（2）听说孩子考上大学了，卧病在床的母亲为之一振，病好了许多。

“为之一振”中的“为”是介词，表示原因或目的，读四声 wèi。可以理解为“因此”。“为”同样的用法再如：

（3）大家都为这件事高兴。

（4）他还在为昨天的事儿生气呢。

（5）为实现中华民族的伟大复兴而努力奋斗。

（6）为了安全，大家一定要走人行横道线过马路。

例（3）（4）中的“为”是表原因，（5）（6）中的“为”是表目的。

“为民服务”和“为民所用”中“为”的读音一样吗

有的人把“为民服务”和“为民所用”中的“为”都读成wèi，这种读法不正确。

“为民服务”中的“为”读wèi，意思是“替”或者“给”，是介词，作用是引进行为动作的接受者，即“受事”。例如：

为你高兴　为他担心　为大家做事　为农民说话　为朋友出力　为山区捐款

以上这些例子里，“为”后的“你”“他”“大家”“农民”等，都是行为动作关涉的对象或某种行为动作的接受者。也就是说，“为”读四声时，介引的是受事。

“为民所用”中的“为”应读wéi。虽然也同样是介词，但引进的对象与“为民服务”中的“为”恰好相反，不是“受事”，而是行为动作的发出者，是“施事”。这里的“为”是“被”的意思。例如：

为人民所拥护　为事实所证明　为歌声所吸引　为风雪所阻隔　为表面现象所迷惑　为天地所不容

其中，“人民”是“拥护”的发出者，“事实”是“证明”的发出者，“歌声”是“吸引”的发出者，等等。也就是说，“为”读二声时，“为”介引的是施事。

这里的“为”后面一般都有“所”，也就是说，跟

“所”连用，共同构成“为……所……”的句式，这一句式具有文言色彩。

小贴士

法律上有“作为（wéi）”跟“不作为（wéi）”两个名词。“作为”指具有法律意义的积极主动的行为。“不作为”指行政机关不履行自己的职责。

“文绉绉”怎么读

《现代汉语词典》里“绉”注音 zhòu，但在“文绉绉”词条中，“绉”又注音 zhōu，有人问：“‘绉’是多音字吗？”

“绉”不是多音字。在普通话里，ABB 式形容词是形容词的生动形式之一（此外还有 AABB 等形式），这一形式形容词的后两字的声调如果是一声，不变；如果是其他声调，要变读为一声。例如，“彤”读 tóng，在“红彤彤”中，要变读一声，“红彤彤”读成 hóngtōngtōng；“澄”可读 dèng，在“黄澄澄”中，要变读一声，“黄澄澄”读成 huángdēngdēng；“碌”可读 lù，在“骨碌碌”中要变读一声，“骨碌碌”读成 gūlūlū。

同样，“绉”读 zhòu，在“文绉绉”中，要变读一声，“文绉绉”读成 wénzhōuzhōu。

这是普通话中的一种变调现象。这种变调现象在北京话里比较多见。ABB 中的 BB 都读成一声的高平调，使得整个词语在语流中凸显出来，能让听话人很清楚地听到。而且，严整的 ABB 式样，从听话的一方来说，有一种“类”的感受，一听到这种语音形式就知道是形容词的生动形式。

老北京人说 ABB 式形容词的时候，几乎都按照上述变调规律来说，听起来北京土音色彩很重。但是，近些年来，普通话中的轻声、儿化，以及形容词的变调都呈现出弱化趋势，即使在北京城里，听到的 ABB 式形容词的变读，也比几十年前少了许多。

这一点，在工具书中也有反映。例如，在《现代汉语词典》第 3 版中，“沉甸甸”读 chéndiāndiān，“亮堂堂”读 liàngtāngtāng，“绿油油”读 lǜyōuyōu，“热腾腾”读 rètēngtēng；而从《现代汉语词典》第 5 版起，“沉甸甸”读 chéndiàndiàn，“亮堂堂”读 liàngtángtáng，“绿油油”读 lǜyóuyóu，“热腾腾”读 rèténgténg，只是在括号里告诉读者，口语中 BB 也读一声。像“文绉绉”这样 BB 必须变读一声的情况已经很少了。

X

“系”的两种读音

“系”有两种读音，一种是四声 xì，一种是四声 jì。

读 xì 时意思较多。常见的有：

一、指“系统”。例如：

（1）医生让直系亲属签字。

（2）英语属于印欧语系。

二、指高校中按学科划分的教学单位。例如“化学系”“物理系”。

三、表“关联”。例如：

（3）能否抵御敌军，系于此役。

四、在文言中表示“拴”“绑”。例如“系马”（拴马）。

五、指“挂念”。例如：

（4）他一直心系故土。

（5）这位旅居海外的侨胞多年来情系祖国。

六、指“把捆好的东西或人提上来或送下去”。例如“把桶系到井下去”“把口袋系上来”。不过这种说法现在不多见了。

七、相当于“是”。例如：

（6）这位将军系湖北人。

（7）老李说的，确系实情。

用“系”表示“是”的时候，有明显的书面语色彩。

在社会语文生活中，“系”读 jì 的时候，一般限于单说，用于口语，表示“打结”等。例如：

（8）你把鞋带儿系紧点儿。

（9）细绳儿上系了两把家里的钥匙。

（10）请大家系好安全带，飞机马上要起飞了。

（11）你系个活扣儿吧，到时候我容易解开。

（12）系好围裙再炒菜，别弄脏了新衣裳。

成语“解铃系铃”（也说成“解铃还须系铃人”）中的“系”虽然有人读 jì，但还是按照工具书读 xì 比较合适（见《现代汉语词典》）。因为这个成语是从宋代流传下来的，带有文言色彩。

“系马”一词是文言词语，有两个意思。一个意思是指马厩内养的良马。例如：

（13）其畜散而无育，桓公与之系马三百。（《国语·齐语》）

（14）非其义也，非其道也，禄之以天下弗顾也，系马千驷弗视也。（《孟子·万章上》）

另一个意思是拴马。例如：

（15）投壶深竹里，系马古松间。（元代虞集《寄丁卯进士萨都刺天锡》）

（16）经由古寺，系马门外，暂憩止。（清代蒲松龄《聊斋志异·宦娘》）

文言词语“系马”的“系”宜读 xì。

有人问，“马脖子上系着一个铃铛”中的“系”怎么读。

“马脖子上系着一个铃铛”，是个口语化的句子。在这句口语色彩比较明显的句子里，单说“系”这个动词时，读 jì 比较合适。“系”读 xì 表“拴”“绑”义时，有文言色彩，用于“系马”“系缚”等有文言色彩的词语中。

“鲜”的两种读音

“鲜”常见的读音是一声 xiān 和三声 xiǎn。

“鲜”读一声 xiān 时，在古代，最初是一种鱼的名字。后来用“鲜”来泛指鱼类，也指活鱼。渐渐也指新宰杀的鸟兽的肉，后用来指新鲜食物。《红楼梦》第七回中说：“趁着他家有年下送鲜的船，交给他带去了。”其中的“鲜”就指新鲜食物。现在常说的“鲜美”“鲜艳”“新鲜”等词语中，“鲜”读一声 xiān。

“鲜”读三声 xiǎn 时，是“少”的意思，例如在“鲜见”“鲜为人知”“寡廉鲜耻”中，“鲜”都表“少”，读三声 xiǎn。“朝鲜”“朝鲜族”中的“鲜”，人们按照习惯读法读为 xiǎn。

“屡见不鲜”的“鲜”读 xiān。这个成语原先写成“数（shuò）见不鲜”，是说：对经常来的客人，主人就不用拿出鲜美的食品来款待了。后来，逐渐用“屡见不鲜”来形容某种现象经常见到，不觉得新奇。

夏天的时候，人们常说“鲜（xiān）啤”，指“生啤酒”，即一种不采用高温杀菌而通过过滤除菌制造的啤酒，这种啤酒口感新鲜，但不耐储藏。

小贴士

“鲜卑”的“鲜”读 xiān。“鲜卑”是我国古代北方一个民族的名称。鲜卑族最初居住在现在的东北、内蒙古一带。汉代末年逐渐强盛起来，在南北朝的时候，曾经建立北魏、北齐、北周等政权。

“校”在“校长”中有两种读音

“校”有两种读音，一种是 xiào，另一种是 jiào。

“校”读 xiào 的时候，有两个意思。一是表示“学校”，例如“校园”“校庆”；二是表示军衔名称，校级军官在将官之下、尉官之上。例如“上校”“少校”。

“校”读 jiào 的时候，也有两个意思。一个是核对，订正。例如“校对”“校正”“稿子校了三遍”中的“校”都读 jiào。校对是件不容易做好的工作，郭沫若曾说：“《青铜时代》和《十批判书》都由我自己校对了几遍，但终不免仍有错字，深感校书之难。”这段话里的“校”都要读 jiào。“校（jiào）订”的意思是对照原文或可靠材料，改正文稿中的错误。书名中的“校补”指校订并补正，如《楚辞校补》，“校释”指校订并注释，如《庄子校释》。

读 jiào 时，还有比较、较量的意思。例如“校场”中的“校”应当读 jiào。“校场”是古时候操练或者比武的场地。北京西城区南部（原宣武区）的“校场口胡同”北侧，是明代操练士兵的“校场”。宋代的陆游在《老学庵笔记》中说“车驾幸候潮门外大校场大阅”，意思是皇帝在校场检阅部队。

有趣的是，“校长”如果读 xiàozhǎng，是指学校里行政、业务等方面的最高领导人；如果读 jiàozhǎng，则指古代一队士兵的队长。

“斜”在古诗中怎么读

有位老师问，“朱雀桥边野草花，乌衣巷口夕阳斜”（《乌衣巷》）、“桑柘影斜春社散，家家扶得醉人归”（《社日》）中的“斜”，有人读 xiá，有人读 xié，怎样读比较妥当？

笔者就此跟人民教育出版社有关同志进行了沟通。得知该社倡导按照今音来读，也就是说，上面提到的两处“斜”都应读 xié。但是在实际教学中，有的老师主张把韵脚的“斜”读 xiá，认为这样读起来上口，也有一定道理。

总的说，这样处理比较妥当：

我们提倡按照今音来读，也就是按照普通话的字音来读；对处于韵脚位置的“斜”，如果有师生读或拼写成 xiá，也不宜算错。古诗文中其他韵脚的字，也宜这样处理。

“兴”的两种读音

“兴”有一声 xīng 和四声 xìng 两种读音。

读一声 xīng 的时候表示这么几个意思：一、举办。例如在“兴办文化事业”“兴建新体育场”“不能随意大兴土木盖宾馆”“百废待兴”中读一声。二、流行。例如在“现在国外不少地方兴起汉语热”“这种款式很时兴”“如今已经不兴这种样式了”中读一声。三、兴盛。例如在“振兴中华”“实现民族的伟大复兴”中读一声。四、使兴盛。例如在“多难兴邦”“大兴调查研究之风”中读一声。

在文言中，“兴（xīng）”有“起来”的意思。例如“晨兴”是说早晨起来。“夙兴夜寐”是说早起晚睡，用来形容勤劳。“兴（xīng）”还有“准许”的意思，但多用于否定形式。例如“不兴胡说”“不兴随便打人”。这种用法有方言色彩。

在甲骨文里，“兴”字形似众手举起一物。可见“举起”“兴起”是“兴（xīng）”最初的意思。“兴奋”的“兴”读一声 xīng，不读四声 xìng。

“兴奋”一般用来表示“振奋，激动”。表示这个意思的时候，“兴奋（xīngfèn）”一词是联合结构，“兴奋”由语素“兴”和语素“奋”构成。这里的“兴”是动词性的，表示“兴起，起来”的意思。语素“奋”也是动词性的，表示“振作，举起”的意思。两个动词性语素的意思相近，合起来共同表示“振奋，激动”。

另外，“兴奋”还是心理学上的一个词，指由于某种刺激，引起神经系统和某些器官活动的生理现象。这时，“兴奋”中的“兴”仍读 xīng。

“兴”读四声 xìng 时，是名词，意思是“喜好”，也就是“乐趣”。例如“他对这种乐器很感兴趣”“大家都很高兴”“这是他退休后的一点雅兴”“面对优美的风光，老李不禁诗兴大发”“乘兴而来，尽兴而归”中的“兴”都读四声 xìng。

小贴士

《红楼梦》第四十八回中，薛宝钗对母亲说，不妨让哥哥到南方去做生意，闯一闯。“左右没有助兴的人，又没了倚仗”，或许会变得规矩些。其中“助兴”的“兴”应当读四声 xìng。

“兴”在“杂兴”中怎么读

有人问，《四时田园杂兴》中的“兴”读一声 xīng，还是读四声 xìng。

《汉语大词典》收有“杂兴”一词，根据该词典的注音，“杂兴”的“兴”读四声 xìng。“杂兴（xìng）”的“兴（xìng）”可以理解为“兴致，情趣”。“雅兴”“诗兴大发”中的“兴”也是这个意思。“杂兴”的意思是“有感而发，随事吟咏的诗篇”。唐、宋都有以“杂兴”为题的诗篇。如：唐代李颀的《杂兴》、唐代储光羲的《田家杂兴》、唐代王昌龄的《杂兴》以及宋代范成大的《四时田园杂兴》等。

Y

“荫”的读音问题

一位老师询问，“绿树成荫”中的“荫”字，为什么有的教材中写成“阴”。

这跟“荫”字读音规范的调整有关。

在《普通话异读词审音表》（1985 年 12 月公布）中，“荫”字被规定“统读”四声 yìn，该规范还特别提示，应当写“树阴”“林阴道”，即不宜写“树荫”“林荫道”。

这么一来，“荫”字就不读一声 yīn 了。“荫”只有四声“yìn”一个读音，自然“树阴”“林阴道”“绿树成阴”等词语中，都只能用读一声 yīn 的“阴”而不能用读四声 yìn 的“荫”了。

在表示“树木枝叶在日光下所形成的阴影”这个意思时，写成“树荫”更妥当。自古以来，人们常用“荫”字来表示这个意思。例如：

（1）睹一蝉，方得美荫而忘其身。（先秦庄子《庄子·山木》）

（2）树成荫而众鸟息焉。（先秦荀子《荀子·劝学》）

（3）擢本千寻，垂荫万亩。（西晋左思《吴都赋》）

而且，“荫”字有草字头，也易于使人们知道，是指树木在日光下造成的阴影，合于社会的用字心理习惯。《现代汉语词典》的第5版、第6版、第7版里，仍有“绿荫”“树荫”“林荫道”“绿树成荫”等写法。

2013年6月，国务院正式公布了《通用规范汉字表》。为了配合这个字表的实施，教育部语言文字信息管理司委托商务印书馆辞书研究中心编辑出版了《通用规范汉字字典》。在这本字典中，“荫”字恢复了一声yīn的读法，“荫”字的第一个义项就是“树荫”，所举出的例子有“绿荫”“绿树成荫”。

因此，根据《通用规范汉字字典》对国家正式公布的汉字规范的阐释，宜写“绿树成荫”，不宜写“绿树成阴”。

小贴士

荫读yìn时有以下几个意思：

一是表“没有阳光且又凉又潮”。例如：“荫凉地儿”“地窖很荫”“屋里太荫”等。

二是表“遮蔽”“遮盖”。例如：“荫覆”。

三是“庇护”的意思。例如：“荫蔽”。

四是表封建时代子孙因祖先的官职、功劳而受到封赏。例如：“余荫”“恩荫”。

“应”的两种读音

朗读的时候，常有人把应该读一声的“应”读为四声。

“应”表示哪些意思时读一声，表示哪些意思时读四声呢？

“应”读一声（yīng）时，主要表示以下几个意思：

一、表示“出声回答”。例如：

（1）喊了两声，屋里没人应。

（2）你明明在这儿，怎么刚才叫也叫不应？

二、表示允诺、答应做某事。例如：

（3）几个条件他都应了。

（4）你应下的工作要按时完成。

表示这类意思的“应许”“应允”中的“应”也读yīng。

三、表示“应该”。例如：

（5）这是我们应尽的义务。

（6）发现问题应立即着手解决。

“应当”“应得”“应分”中的“应”是“应该”的意思，也要读yīng。另外，“应届”中的“应”是“本期的”的意思，要读yīng，“应届”只用于毕业生，不用于入校生。“应名儿”是“挂虚名”或“名义上”等意思，其中的“应”也读yīng。

“应”读四声（yìng）时，主要表示以下几个意思：

一、做出反响。例如“应答”“呼应”“响应”“山鸣谷应”中的“应”都读yìng。

二、接受或满足要求。例如“应聘”“应邀”“应征”“有求必应”中的“应”都读yìng。

三、顺应、适合。例如“应景”“应时”“应用”“应运而生”“得心应手”的“应”都读yìng。

四、对付或处理。例如“应变”“应酬”“应敌”“应对”“应付”“应急”“应接不暇”“随机应变”中的“应”都读 yìng。

五、证实。例如“应验”“今天的事情应了他的话”中的“应”都读 yìng。

“应声”中的“应”读一声 yīng 时，“应声”是“出声回答”的意思，常读成儿化词。例如：“他敲了半天门，里头没人应声儿。”“应声”中的“应”读四声 yìng 时，“应声”是“随着声音”的意思。例如：“狙击手开枪后，歹徒应声倒地。”

“答应”的“应”在普通话口语中读轻声。

“晕”的两种读音

“晕”是形声字，从日从军。“晕”本来指太阳或月亮的光通过云层时形成的光环，如“日晕”“月晕”“今天晚上月亮有晕”，读四声 yùn。由此义引申而来，“晕”也表示“光影或色彩周围模糊的部分”，例如“灯晕”“墨晕”。

中心较浓，周围渐渐变淡的一团红色，可称为“红晕”，多见于脸上，如“脸颊上泛起了红晕”。“红晕”的“晕”也读四声 yùn。

由“日月周围的光圈”，“晕”还引申出自身或周围东西旋转的感觉，也就是“眩（xuàn）晕”的“晕”。因此，“眩晕”的“晕”读四声 yùn。

在表示由于某种外界因素引起的头晕的词语中，“晕”也读四声。例如“晕车、晕船、晕场、晕高、晕针、晕血、晕飞机”等词语中的“晕”读四声。这些词语中，后一个语素都表示引起头晕的原因。“眼晕”是视觉引起的，也就是因视觉模糊而头昏，其中的“晕”也读四声。

表“头脑不清”“失去知觉”时，“晕”读一声 yūn。例如“头晕”“晕倒”“晕厥”“晕头晕脑”“晕头转向”“晕晕乎乎”中的“晕”都读一声。

小贴士

“晕眩”跟上文提到的“眩晕”不同。“晕眩”是“头晕目眩”的缩写，实际上是指自身头晕，所以“晕眩”中的“晕”读一声 yūn。

Z

“载”在“载人”中的读音

“载”字有两种读音，一种是三声 zǎi，另一种是四声 zài。

以下两种情况读三声 zǎi：

一、表示“记录”“刊登”。例如：

（1）这篇日记如实记载了当时军民齐心反击日本侵略者的情况。

（2）他们的光辉业绩已经载入史册。

（3）发刊词载于该刊去年的创刊号。

（4）那首诗被多家文学杂志转载。

二、表示“年”。例如：

（5）照这样搞下去，只要三年两载全村人都能脱贫致富。

（6）京城一别，于今已有十载。

（7）这真是千载难逢的好机会啊！

“载”的第二种读音是四声 zài，以下情况读 zài：

一、用运输工具等承载或指所承载的东西。例如：

（8）这条船一次最多载 60 人，再多就超载了。

（9）公路上开来一辆载重汽车。

（10）艺术团访问东南亚几个国家后载誉归来。

（11）车到站后，立即组织人力卸载。

（12）我国载人航天工程进展顺利。

例（8）中的“超载”是“超负荷装载”的意思，例（10）中的“载”是比喻性的说法，例（11）中的“载”指装载的东西。都读四声 zài。

二、表示“充满道路”。例如：

（13）虽然荆棘载途，但他们矢志不渝，锐意改革，终于取得重大成果。

（14）当时，在军阀的统治下，民不聊生，怨声载道。

三、表示两种行为同时或交替进行，相当于“一边……，一边……”。例如：

（15）码头上，人们载歌载舞欢迎从南极归来的科学考察队员。

（16）生日宴会上，客人们载笑载言，很愉快。

例（15）中“载歌载舞”的意思是“一边唱歌，一边跳舞”，例（16）中“载笑载言”的意思是“一边笑，一边说话”。

“择”在“择席”中的读音

“择”有两种读音，一种是 zé，另一种是 zhái。

“择”读 zé 的时候，是“挑选”的意思。例如：“择友应当慎重。”“要选择适合自己的工作。”“‘择善而从’是说采纳正确的意见或选择好的方法加以实行。”这几句话中的“择”均表“挑选”，都读 zé。

“择”读 zhái 的时候，有两个意思。一个意思也是“挑选”，但跟读 zé 时表示“挑选”有所不同。读 zé 表示“挑选”时，多见于书面词语，如上面例子中的“择友”“选择”“择善而从”。而读 zhái 表示“挑选”时，多是单说，或见于口语词。例如：

（1）咱们先择韭菜，然后包饺子吃。

（2）我有择席的毛病，换个地方就睡不着了。

例（1）中的“择”是单说，指挑选出能吃的部分，把不能吃的部分去掉。例（2）中的“择”也是“挑选”的意思，“择席”是口语词，是说换个地方后睡不安稳。

“择”读 zhái 的第二个意思是“分解，清理（混乱的线、绳等）”，多用于口语。例如：

（3）费了半天劲才把那团毛线择开。

（4）这些毛线缠绕成一团，择不开了。

例（4）中的“择不开”有时也表示“因摆脱不掉（缠身的事务）而抽不开身”。例如：

（5）新工作忙得我不亦乐（lè）乎，实在择不开，下月咱们再找时间商量吧。

“着（zháo）地”还是“着（zhuó）地”

有人问，《现代汉语词典》中“着（zháo）”和“着

（zhuó）”均有“接触，挨上”义。那么“两个铁球同时着地”中的“着”应该怎么读。

“着（zháo）”跟“着（zhuó）”都有“接触，挨上”的意思，但使用场合有所不同。“着（zháo）”用于单说。例如：

（1）你的手破了，上点药，别着水，就不会感染了。

（2）披上雨衣吧，你感冒刚好，着了雨会发烧的。

（3）我穿上冰鞋，脚刚着冰，就要滑倒。

“着”（zhuó）一般在词语中充当语素。例如：

（4）这种虫子的卵附着在树叶上。

（5）直升飞机已经着陆，快把伤员抬过去。

（6）他不着边际地谈了一通（tòng），参加会议的人都莫名其妙。

例（4）（5）是用于双音词中，（6）是用于成语中。

这种差别被称为“文白异读”，是某些字在表示同样的意思时，读书面音跟口语音有所不同而造成的。因此，在口语色彩明显的谚语中，表“接触，附着”义的“着”也读 zháo。例如：

（7）咱们在半路上，前不着村，后不着店。

（8）他办事真有点着三不着两。

（9）我现在的处境真是上不着天，下不着地啊。

“两个铁球同时着地”中的“着地”跟例（1）中的“着水”、（9）中的“着天”相同，是单用，因此宜读 zháo。

“着”在这两处怎么读

《灯光》一课说:“他又划着一根火柴。”其中的“着”有人读“zhe”,也有人读“zháo”。《卖火柴的小女孩》中“她又擦着了一根火柴”中的“着”读“zháo”。一位老师问,两处“着”的读音是否相同。

“着”字表示“燃烧”的意思时,读zháo。例如:

(1)有人喊:“着火了!”

(2)炉子终于点着了,屋子里暖和起来。

(3)老李划着了一根火柴,把纸条烧掉了。

(4)一个烟头就能引着一片林子。

(5)炉子的火刚才还着(zháo)着(zhe)呢,现在灭了。

因此,“他又划着一根火柴”中的“着”宜读zháo。

如果“着”表示动作的持续,则宜读轻声zhe。例如:

(6)老王举着红旗,走在队伍前面。

(7)这个问题他们俩正谈着呢。

归结起来,如果“着”表示动作的持续,要读zhe,如果表示“燃烧”的意思,要读zháo。请比较下面句子里两个“着”的读音:

(8)小吴边用右手划着(zhe)火柴,边说:“怎么老划不着(zháo)?”

前一个“着”表示动作持续,所以读zhe,后一个

“着”表示“燃烧”，所以读 zháo。

“折”在“折本”中的读音

“折”有三个读音：zhé、shé、zhē。

读 zhé 时意思较多，常见的如：

一、折断。例如：

（1）乌鸦的翅膀折断了。

（2）下雪后行人摔倒容易发生骨折。

（3）公园的草地上有块牌子，上面写着：“不要攀折花木”。

二、损失或挫败。例如：

（4）这一仗让鬼子损兵折将，再也不敢轻易出来“扫荡”了。

（5）对待困难要有百折不挠的勇气。

三、弯曲或改变方向。例如：

（6）虽然前面的道路曲折，但我们决心坚持前进。

（7）他们走了不远，又折了回来。

四、信服。例如：

（8）他的这个成绩令人折服。

五、折叠。例如：

（9）他把信折了起来，搁到信封里。

“折”读 shé 时，常表示“折断”或“亏损”。例如：

（10）长长的竹竿忽然折了。

（11）雪太大了，树枝都被压折了。

（12）他不会做生意，这趟买卖折了本儿。

例（10）（11）中的“折”表示“折断”，（12）中的“折”表示“亏损”。从（10）（11）可以看出，“折”读shé表示“折断”的意思时，多出现在口语中，而且多是单说。从前面（1）至（3）的例句可以看出，“折”读zhé表示“折断”的意思时，多出现在词语中。

“折”读zhē时，表“翻转”或“倒过来倒过去”。多用于口语，且单说。例如：

（13）锣鼓敲起来时，出来个武生，他连折了几个跟头。

（14）水太烫了，用两个杯子折一折再喝。

“挣”在“挣扎”“挣脱”中的读音

“挣”有两种读音，一种是一声zhēng，另一种是四声zhèng。

“挣”读一声zhēng时，常见的用法是用于“挣扎”一词。“挣扎”的意思是“在困境中尽力支撑或摆脱”。例如：

（1）虽然病得一点力气也没有，但他仍挣扎着坐起来。

（2）被包围的敌人垂死挣扎，向西突围，被我军打了回去。

（3）负伤的老王挣扎着走了二里路，回到游击队驻地。

（4）掉进陷阱里的野兽拼命挣扎，也没跳出来。

“挣”读四声 zhèng 的时候，有两个意思。一个是“用力摆脱束缚”。例如：

（5）他们挣脱了奴隶的枷锁，翻身做了主人。

（6）老李挣开了绳子，跑了出来。

（7）绳子被野猪挣断了，它逃进森林。

“挣”读四声 zhèng 时的另一个意思是“努力获取钱财等”。例如：

（8）他现在首先考虑的是挣钱养家。

（9）这次去南方，你挣了不少钱吧。

（10）通过几十年的努力，老刘挣下一份家业，传给了儿子。

另外，口语中表示“获取面子”的意思时，“挣”也读四声 zhèng。例如：

（11）小李这么做不过是为了给自己挣面子。

（12）取得这次成功后，他们队总算把面子挣回来了。

《西游记》第六十九回中描写猪八戒的动作时说：“那呆子左挣右挣，挣不得脱手。”这里的“挣”是“用力摆脱束缚”的意思，应当读四声 zhèng。如果说“猪八戒挣扎了半天”，其中的“挣”要读一声 zhēng。

“症”在“症状”“症结”中的读音

“症”有两种读音，一种是四声 zhèng，比较常见。另一种是一声 zhēng，见于“症结”。

“症”读四声 zhèng 的时候，指“疾病的情状”或“疾病”。例如，“症状”“后遗症”中的“症”读四声 zhèng，指“疾病的情状”；“急症”“顽症”“不治之症”“对症下药”中的“症”也读四声 zhèng，指“疾病”。

在常用词中，“症”读一声 zhēng，仅见于“症结”一词。“症结”是中医用词，指腹腔内结块的病。但在社会生活中，使用“症结”一词时，多采用“症结”的比喻用法，指问题不好解决的关键。例如：

（1）咱们这里农业生产效率低下的症结在于没有种植最适合土壤和气候条件的农作物。

（2）这个工厂生产搞不好的症结是厂里领导干部的贪腐问题没有得到彻底解决。

“病症”中的“症”读四声 zhèng 时，“病症”指“疾病”。例如“疑难病症”指“疑难病”。“病征”中的“征”读一声 zhēng 时，指疾病的征象，如“某些病的病征是发低烧”。

应当注意，宜写“综合征”，不宜写“综合症”。“征”有“迹象”的意思，“综合征”指同时出现的一系列症状。

“症候”指病或病状，总之必须跟疾病有关。“征候”则指“迹象”。可以指病，例如“病有好转的征候”；也可以指其他事物，例如“看不出有下雨的征候”。

“只”在“只身一人”中的读音

“只”有一声 zhī 和三声 zhǐ 两种读法。

“只”读一声 zhī 的时候，有两个意思。一个意思是“单独的”或“少量的”。例如“只身一人”“形单影只”“只字不提”“只言片语”。另一个是充当量词，例如“一只鸟”“一只老虎”“两只眼睛”“一只鞋”“一只小船”。

“只”读三声 zhǐ 的时候，表示限定范围，是副词，相当于“仅”或“仅仅”。例如“只会空想”“只花了三十块钱”“万事俱备，只欠东风”。

有时候，也说“屋里只我一个人”“签约的只他一家”。这时候“只”隐含了一个“有”字。上面的两个例子可以理解为“屋里只有我一个人”“签约的只有他一家”。

王安石《泊船瓜洲》中说：“京口瓜洲一水间，钟山只隔数重山。”其中的“只”是“仅”的意思，读三声 zhǐ。贾岛《寻隐者不遇》中说：“松下问童子，言师采药去。只在此山中，云深不知处。”其中的“只”虽然也读三声 zhǐ，但意思是“就”，不是“仅”。

《儒林外史》第三十六回中说：“只身一人，又无弟兄。”其中的“只”是“单独”的意思，读一声 zhī。

港澳地区流行的词语“只抽”指“单挑”，也就是单独对打的意思，其中的“只”读一声 zhī。电脑上有时显示的“只读”是“只能阅读，不能修改和储存”的意思，其中的“只”读三声 zhǐ。

“转”在“转动”中的两种读音

“转”常见的读音是三声 zhuǎn 和四声 zhuàn。

读三声 zhuǎn 时，表示改变方向、形势等，或者把物品等转移。例如：“调转船头”“向右转”“飞机已转方向”“转过街角”中，“转”读三声，表示转变方向；“转危为安”“风向南转北”“转败为胜”中的“转”读三声，表示某种形势的转变；“请您把这包材料转给他”“这封信经过半个月时间才转到我手里”中的“转”读三声，表示物品的转移。

读四声 zhuàn 时，则表示转动，也就是围绕某个中心运动；也表示“闲逛”。例如：“地球围着太阳转”“风车被风吹得直转”“车的前轮怎么不转了”中，“转”读四声，表示转动；“咱们去街上转转吧”“两个人到商场转去了”中的“转”读四声，表“闲逛”；“有个陌生人在门口转来转去”中的“转”表示围绕某个中心移动，读四声；“这个问题在我脑子里转了好几天”中的“转”表示围绕一个中心思索，也读四声。

“向后转”如果是说“方向改为向后”，应当读三声 zhuǎn；如果是说“向后转动、旋转”，则读四声 zhuàn。

由“转（zhuǎn）”构成的新词语比较多，例如“转轨”“转基因”“转型期”“转制（转变体制）”等。

有时候，说话时故意卖弄词藻，显示有学问，这种情况常被人称为“转”（zhuǎi）。例如：“你就别转啦，有什么话快说吧！”“用不着转文，直接说吧。”

“转动”的“转”读三声 zhuǎn 时，表示改变方向，读四声 zhuàn 时表示旋转。

“爪”在“鸡爪”和“鹰爪”中为什么读音不一致

有人问，“鸡爪（zhuǎ）”和“鹰爪（zhǎo）”这两个词中“爪”字的读音为什么不一致。

“爪”是个文白异读字。在成语及具有书面语色彩的词语中，一般要文读，读成 zhǎo。例如：

（1）别看鬼子张牙舞爪的，他不过是秋后的蚂蚱。

（2）几支队伍迅速出击，斩断了鬼子的魔爪。

（3）这些材料多是一鳞半爪零碎的东西，不成系统。

（4）几十年前我住这儿，虽旧貌不在，但仍存雪泥鸿爪的痕迹。

（5）鹰爪又长又锐利。

而在具有口语色彩的词语中，则一般要白读，读成 zhuǎ。例如：

（6）鸡在这里乱跑，爪子上难免沾着沙土。

（7）猫爪子伸不进笼子，小鸡很安全。

（8）她笑道：“把你那爪子先洗干净再吃饭。”

（9）猪爪儿（zhuǎr）上有道伤疤，是往外跳的时候划的。

（10）耗子的爪儿（zhuǎr）很小。

（11）这个锅有三个爪儿（zhuǎr），挺稳的。

从上面的例子可以看出，例（6）至（11）中，这类带

“子”“儿”词缀的有“爪”的词语，口语色彩很明显，因此多读 zhuǎ。当然，如果有“儿”后缀时，读“爪”的时候，要发生儿化音变，读成儿化词。

“中听”怎么读

有人问，《延安》一文“雾气里，牲口的铃铛声怪中听地响着，报告一天劳动的开始”一句中“怪中听”的“中”读一声还是四声。

表示听着满意或者听着舒服的意思，人们常用“中听”来表示。其中的“中”读一声 zhōng。例如：

（1）你说的这些话很中听，就按你说的办。

（2）老郭觉得老王的话很中听，就采纳了老王的建议。

（3）他觉得这些话实在不中听，就站起来走了。

从上面的例子可以看出来，“中听”所关涉的是别人说出的话，意思是对别人说的话很满意，觉得很舒服。这是《现代汉语词典》等工具书中对“中听”的诠释。

《延安》里说的“中听”是指对铃铛的声音觉得很顺耳，很舒服。词语在社会语言生活中的用法有时比较灵活，有时使用的范围稍有扩展。因此，“中听”的这种用法也是可以的。这时“中听”也宜按照一般的读法来读，其中的“中”读一声，读成 zhōngtīng。

此外，“中”也有四声 zhòng 的读音，读四声 zhòng 时表示“正对上”或“受到”的意思，例如“打中”“中毒”

中的“中”读四声（zhòng）。

“种”在“下种”中怎么读

“下种”的“种”究竟读 zhǒng 还是 zhòng。

“下种”的“种”有 zhǒng、zhòng 两种读法，意思也因之不同。“下种（zhǒng）”指“播种（zhǒng）”，也就是“把种子播在地里”或“播下种子”的意思。“下种（zhòng）”指“进行种植”，即“种植”之义。

“当祖父下种，种小白菜的时候，我就跟在后边，把那下了种的土窝，用脚一个个地溜平”这句话里，“祖父下种”的“种”宜读三声 zhǒng。这儿的意思是：“当祖父播下种子，种小白菜的时候……”如果把这里的“种”读成四声 zhòng，那么“下种（zhòng）”则表“种植”的意思，在句子里就不大通顺。而且，这句话后面的“下了种（zhǒng）”是“播下种子”的意思，这个“下了种”是跟前面的“下种（zhǒng）”在语义上相联系的，可以看作在“下种（zhǒng）”中间插入了“了”［“下种（zhǒng）”是离合词］。这样，整个句子的意思就连贯了。因此，上面句子里“下种”的“种”读成三声 zhǒng 是比较妥当的。

“下种（zhǒng）”跟“下种（zhòng）”虽然都出现在《现代汉语常用词表》中，但是表示把种子播散在土里的“下种（zhǒng）”更常见些，所以《现代汉语词典》等工具书中收了“下种（zhǒng）”而没收“下种（zhòng）”。

“撮”在“一撮头发”中读 zuǒ

“撮”有动词和量词两种用法。

“撮”做动词时读 cuō，常见用法有：

一、表“聚合”。例如：

（1）这件婚事是二舅撮合的。

二、表用簸箕等收集东西。例如：

（2）吴大婶在院子里撮了一簸箕落叶。

（3）把这点儿土撮走。

三、表用手指捏起。例如：

（4）小李用手指撮了一点儿芝麻盐。

这种说法多见于吴方言。

四、表摘取（要点）。例如：

（5）文章很长，撮其要旨，是强调加快自主创新。

（6）把几个月的工作情况撮要报告上来。

五、表吃或大吃。例如：

（7）他们去东来顺撮一顿涮羊肉。

（8）刘主任请几个人撮了一顿。

这种说法多见于北京话。

“撮”做量词时有两种读音，一是读 cuō，常见用法有：

一、用于若干可用手或工具撮取的东西。例如：

（9）桌子上有一撮盐。

二、用于数量少的坏人，前面常加“小”，数词限于“一”，含有蔑视意味。例如：

（10）一小撮歹徒破坏不了安定团结的局面。

（11）这是一小撮坏人在煽动，别上当。

“撮”做量词时的另一种读音是 zuǒ，用于成丛的少量毛发。口语中常儿化。例如：

（12）她头顶右边有一撮儿头发是黄的。

（13）老李头儿下巴上有撮儿山羊胡子。

归纳起来，不管是动词用法还是量词用法，“撮”表示“少量毛发”时读 zuǒ，其他用法都读 cuō。

ABB 式形容词的 BB 怎么读

单音节形容词常有叠音后缀，例如“沉甸甸”“红彤彤”。一般把这种形容词叫“ABB 式形容词”。ABB 式形容词在说普通话时常发生变调，其中的 BB 要变读为阴平。这种情况在北京话里很常见。在普通话里，BB 发生变调的情况没有北京话那么多。我们可以根据《现代汉语词典》里的注音来确定普通话中 ABB 式形容词是否变调。

在《现代汉语词典》中，对 ABB 式形容词的注音有三种情况：

一、BB 变读阴平。例如：

（1）“黄澄澄”的注音是 huángdēngdēng。

（2）“文绉绉”的注音是 wénzhōuzhōu。

对这类词语，应当按照该词典的注音，一律读变调，也就是说 BB 要变读阴平。

二、BB 读本调，同时在注音后面的括号内说明口语中变读一声。例如：

（3）“亮堂堂”的注音是 liàngtángtáng，后面括号内说“口语中也读 liàngtāngtāng”。

（4）“热腾腾”的注音是 rèténgténg，后面括号内说“口语中也读 rètēngtēng”。

对这类词语，教学中宜采用词语后的注音，如“亮堂堂”读 liàngtángtáng。但是，如果学生读或注音为变调，也不宜算错。“沉甸甸”“红彤彤”就属于这类词语。

三、BB 只读本调。例如：

（5）“赤裸裸”的注音是 chìluǒluǒ。

（6）“金灿灿”的注音是 jīncàncàn。

在教学中，对这类词语宜采用本调读法，如果学生读或注音为变调，则应算错。

表示温度的数字怎么读

“-25℃”如何读？“-5℃~5℃”，又该怎样读？

“-25℃”应当读作“零下 25 摄氏度”。“-5℃~5℃”应当读作“零下 5 摄氏度到（零上）5 摄氏度”。

另外，“25℃”应当读作“25 摄氏度”，“5℃~25℃”应当读作“5 摄氏度到 25 摄氏度”。

容易读错的几个体育比赛词语

乒乓球是我们的国球。在口语中，时或有人把“乒乓球”说成 bīngbāngqiú，这是错误的，应该读成 pīngpāngqiú。“乒乓”是拟声词，有时也指乒乓球。

“曲棍球”中的“曲”有两个读音，一个是 qū，表述“弯曲”一类的意思。例如在“曲别针、曲尺、曲径、扭曲、弯曲”中读 qū。曲棍球运动是用下端弯曲的棍子击球，所以应当读 qūgùnqiú。另外，在“酒曲”“大曲”等词语中也读 qū。另一个读音是 qǔ，表述“乐曲”一类意思时读 qǔ，例如在“曲谱、曲艺、歌曲、交响曲、乐曲”中读 qǔ。

“相扑”是我国古代的一种摔跤竞技活动，秦汉时称“角抵”，南北朝至宋元时期称“相扑”。现在的日本式摔跤也称“相扑”。

“相”有两个读音，表示“互相”“一方对一方”“亲自观看”的意思时读 xiāng。例如在“相识、好言相劝、相亲”中读 xiāng。“相”表示“相貌、姿态、辅助”等意思时读 xiàng。例如在“相貌、吃相、吉人天相”中读 xiàng。

“相扑”中的“相”可以理解为“互相”，因此应当读 xiāng，不宜读 xiàng。

顺便说几个观看比赛时，容易读错的词语。

看比赛时，人们常会说到“亚军”。要注意，不要把“亚”说成 yǎ，要说 yà。因为《普通话异读词审音表》中，“亚”被规定为统读 yà，也就是说，“亚”只有这一个读音。

应运动员的要求，比赛有时会“暂停”，这里的“暂”也不要读成 zǎn，要读成 zàn。《普通话异读词审音表》规定“暂”统读 zàn。

乒乓球、羽毛球比赛有“混双比赛”，“混双”的“混”不要读成 hǔn，要读成 hùn。普通话里“混”没有 hǔn 音。

“混”表示“掺杂”的意思时，要读 hùn，例如在“混合、混入、混淆、混杂”都要读 hùn。

比赛是严格禁止使用兴奋剂的。“兴奋剂”的“兴”，有人读成 xìng，是错误的。“兴奋”“兴奋剂”中的“兴”，都要读成阴平 xīng。

观看比赛要持有入场券，“入场券”的“券”不要读成 juàn，要读成 quàn。“券”表示“纸片做的凭据”一类意思时，要读 quàn。